스레드 THREAD　　　　　　상품, 규제, 생명

판권

《스레드》는 북저널리즘이 만드는 종이 뉴스 잡지다.
북저널리즘은 2017년 서울에서 출판물로 시작해 디지털,
정기 구독, 커뮤니티, 오프라인으로 미디어 경험을
확장하고 있다. 《스레드》는 이달에 꼭 알아야 할 비즈니스,
라이프스타일, 글로벌 이슈를 선별하고 정제하고 해설한다.
22호는 2024년 4월 22일 발행됐다. 이연대, 신아람,
김혜림이 쓰고 편집했다. 들어가며, 마치며는 신아람이 썼다.
커버 사진은 2021년 독일에서 동물 및 환경 운동가들이
공장식 축산에 반대하는 시위를 벌이는 모습이다. 출처는
Jens Büttner, picture alliance, Getty Images이다. 이
책의 발행처는 주식회사 스리체어스(threechairs)이고,
등록번호는 서울중, 라00778이다. 주소는 서울시 중구
퇴계로2길 9-3 B1, 이메일은 thread@bookjournalism.com,
웹사이트는 bookjournalism.com이다. 이 책에 수록된 글과
그림을 이용하려면 반드시 저작권자와 ㈜스리체어스의
동의를 받아야 한다.

《스레드》는 이달에 꼭 알아야 할 비즈니스, 라이프스타일, 글로벌 이슈를 선별하고 정제하고 해설한다.

목차

인간의 뇌로 컴퓨터를 만들 수 있다면, 우리는 그 컴퓨터를
무엇이라고 불러야 할까. SF 영화의 한 장면 같지만, 이
이야기는 현실이다. 진짜 사람의 뇌가 아니라 인공적으로
배양한 뇌세포로 이뤄진 유사 장기 '뇌 오가노이드' 얘기다.
인공 뇌를 이용한 컴퓨터는 효율이 일반 슈퍼 컴퓨터를 한참
뛰어넘을 것으로 보인다. 인간의 뇌로 친환경 슈퍼컴퓨터를
만들 수 있다니, 우리의 미래는 정말이지 과학에 달렸는지도
모른다. 뇌로 만든 컴퓨터가 상용화된다면, 그 컴퓨터가
구현한 AI가 구독 상품으로 제공된다면, 우리는 그 상품을
선뜻 살 수 있을까. 생각보다 쉬운 결정일 수 있다. 이미
우리는 소셜 로봇을 상품으로 받아들이고 있기 때문이다.
신경과학자 크리스토프 코흐는 《생명 그 자체의 감각》에서
AI는 '의식이 없는 지능', 접시 뇌는 '지능이 없는 의식'이라
설명했다. 둘 다 인간에게는 당황스러운 존재이며 매력적인
상품이다. 질주하는 기술이 상품으로 소비되는 동안 이를
의심하고 막아서는 도구가 바로 '규제'다. 둘 사이의 균형점은
어디쯤이 되어야 할까. 이번 《스레드》는 그 기술과 규제
사이의 줄다리기를 다양한 각도에서 다뤘다.

익스플레인드

우리에겐 '해설(explained)'이 필요하다. 세상에 정보는
너무 많고 맥락은 너무 적다. 똑똑한 사람들이 정말 중요한
이슈를 따라잡기가 점점 어려워지고 있다. 그래서 《스레드》는
세계를 해설한다. 복잡하고 경이로우며 빠르게 변화하는
세상을 이해하는 데 필요한 통찰을 제공한다. 지금 무슨 일이
벌어지고 있는지 알리는 데 그치지 않고 그 일이 일어난
이유와 맥락, 의미를 전한다.

소셜 로봇이 온다

서울시가 폐지 수거로 생계를 이어가고 있는 노인을 위한 종합 대책을 발표했다. 건강 관리를 위한 대책으로는 AI 기기 지급을 제시했다. 방문 간호사가 주기적으로 건강 관리와 상담을 제공하는 한편, 비대면으로도 만성 질환 등을 모니터링한다는 것이다. 서울시뿐만이 아니다. 최근 발표되는 지자체 노인 복지 정책에는 AI 기기가 빠지지 않는다. 송파구, 강서구, 성북구 등과 같은 서울 시내 지역은 물론이고 안동시 등 고령층 비율이 높은 지역에서도 도입이 진행 중이다.

신아람이 썼다.

컴퓨터는 기본적으로 계산기다. 그 능력치가 기하급수적으로 발전하면서 지금의 인공지능 기술에 이르렀다. 과학, 공학은 물론이고 경제, 사회 분야에서 이 계산 능력은 여러 차례의 혁신을 만들어 냈다. 그렇다면 돌봄은 어떨까. 돌봄의 영역에는 의학적인 진단과 그에 따른 솔루션도 포함되지만, 기본적으로는 '알아봐 줌, 동참, 공유, 경청, 동행, 칭찬, 안위 제공, 희망 제공, 용서, 수용' 등의 10가지 요소가 포함된다. 인류는 이 10가지 요소를 AI와 나누어 짊어질 준비가 되어 있을까.

1999년 독일의 한 박물관에서 선보인 소니의 애완 로봇 '아이보' 첫번째 모델. 사진; Bernd Thissen/picture alliance via Getty Images

효도하는 인형

지난 2024년 2월 스페인 바르셀로나에서 개최된 세계 최대 규모의 모바일 전시회, MWC(Mobile World Congress)에서 눈길을 끌었던 한 스타트업이 있다. 세계이동통신사업자협회(GSMA)가 수여하는 글로모 어워드 부문 수상 기업, '효돌'이다. 회사명과 동일한 주력상품, '효돌'을 선보여 전 세계의 이목을 끌었다. 바로 적용 가능한, 확실한 노인 돌봄 기능 덕분이다. 이미 국내 160여 개 지자체에 약 1만 대가 보급되어 있다.

"로봇이 아니라 사람이야"

효돌은 작은 강아지 정도 크기의 봉제 인형으로, 7살짜리 손주 콘셉트다. 어린아이라는 설정이 있으니, '돌봄' 기능은 안부를 묻는 식으로 구현된다. 기상 및 식사 관리를 "할머니 일어나셨어요? 식사하셨어요?"와 같은 인사말로 접근하는 것이다. 복약 시간 관리도 마찬가지 원리도 진행된다. 사용자 만족도는 높은 편이다. 한 매체에는 효돌 인형을 업고 다니는 어르신의 모습이 소개되기도 했다. 사용자와의 애착 형성이 성공적으로 이루어지고 있음을 단적으로 보여 준다.

돌봄, 받고 싶은 게 아니라 주고 싶은 욕구

그런데 개발사는 효돌에 관해 설명할 때 '상호 돌봄'에 관해
이야기한다. 효돌 인형을 이용하는 노인은 효돌로부터 코칭을
받기도 하지만, 요구도 함께 받는다는 것이다. 예를 들어 '재워
달라'거나 '발을 만져 달라'는 등의 요구다. 노인 이용자는
반려동물을 돌보듯 효돌을 돌보는 경험을 통해 자존감을
유지하고 웃음을 되찾고 애착을 형성하게 된다.

먹이를 주세요

인간은 돌봄을 받고 싶어 하지만, 동시에 돌봄을 주고 싶어
하는 존재다. 1996년 출시되어 선풍적인 인기를 끌었던
휴대용 동물 돌봄 게임기, '다마고치'의 성공은 이와 같은
욕망을 바탕으로 한 것이다. 사용자는 먹이를 주거나 놀아
주는 행위를 통해 다마고치의 캐릭터를 '돌보는' 경험을 한다.
생명체를 켜고 끌 수 없는 것처럼 다마고치도 기기를 끈다고
게임을 종료할 수 없다. '연속성'이라는 생명체의 속성을

게임에 이식한 것이다. 또한 돌봄을 게을리하면 캐릭터가
사망하는 스토리를 통해 사용자의 책임감을 자극하고 애착
형성을 독려한다. 본능적으로 인간은 사물이 감정을 가지지
않았음에도 그것을 의인화하고 인간처럼 대한다. 다마고치도,
효돌도 인간의 그 특성을 이용했다. 사용자에게 돌봄을
요구하며 관계를 형성한다.

인공 조미료 같은 가짜 공감

다마고치는 애착을 형성해 게임에 몰입하도록 설계됐다.
사용자들은 열광했다. 그래서 부작용도 두드려졌다.
1998년에는 프랑스의 한 20대가 운전 중 다마고치에 먹이를
주느라 교통사고를 내 사망자가 발생하기도 했다. 또,
캐릭터가 사망해도 언제든 게임을 다시 시작할 수 있다는 점
때문에 생명을 가벼이 여기는 관점이 생기는 것 아니냐는
우려도 제기되었다. MIT의 셰리 터클 교수는 감정 교류를
요구하는 기계가 인간의 공감 능력을 훼손할 가능성을
제기한다. 기계와 상호적 관계에 빠질수록, 기계의 가짜
공감에 익숙해져 인간과의 관계에 적응하기 어려워질 수
있다는 것이다. 돌봄 로봇의 또 다른 이름, 소셜 로봇(social

robot)의 위험성에 관한 경고다.

기계 감정 시대의 로봇

반면, 효돌은 애착 형성을 바탕으로 사용자의 신체적, 정신적 건강에 도움이 되는 활동을 코치하거나 독려하도록 설계됐다. 여기서 다마고치와 효돌 사이의 간극이 드러난다. 목적이 다르다. 기계와 인간 사이의 관계 형성은 수단이다. 사용자의 생활과 건강 습관을 체크하고 신체적, 인지적 활동을 독려하기 위한 목적이 명확하다. 목적이 명확하다면 상호 작용의 적정선을 가늠할 수 있다. 지난 2009년 미국 식품의약국(FDA)로부터 신경 치료용 의료 기기로 승인을 받으며 기네스북에도 등재된 일본의 '파로'가 그 좋은 예시다.

그저 존재할 뿐

'파로'는 돌봄 로봇이 아니라 '치료 로봇'에 해당한다. 2004년 일본 일본 산업기술종합연구소(AIST)가 개발해 상용화에까지 성공했다. 치매 환자 및 자폐증 환자 등을 타깃으로 제작된 파로는 처음부터 돌봄을 '받을' 목적으로

개발됐다. 갓난아기 정도의 크기로, 하얀색 새끼 물개 봉제
인형이다. 쓰다듬어주면 기분 좋은 표정을 짓고, 소리를 내며
돌아다니거나 뒤척이는 것이 기능의 전부다. 가장 공을 들인
것은 센서다. 사용자가 자신을 만지고 부르는 것을 감각해
반응하는 기능을 섬세하게 구축했다. 이름, 칭찬 등의 간단한
언어도 이해한다. 치료 효과는 명확히 입증됐다. 스트레스
수치가 줄어들고 인지 능력 향상도 관찰됐다. 파로와 깊은
관계를 맺을 수는 없다. 분명한 목적을 갖고 제작되었으며
기능의 한계를 명확히 했다. 하지만 파로는 사랑받는다.
치유한다.

IT MATTERS

일본에서는 소니의 애완 로봇 '아이보'의 장례식이 종종
열린다. 더는 수리할 수 없게 된 로봇의 영혼을 위로하는
의식이다. 소니는 아이보의 개발과 수리를 중단했지만,
사용자들에게 아이보는 애정을 줬던 존재다. 인간의 감정이란
유약하고 비논리적이다. 그래서 아름답다.
이 감정 속으로 정교한 생성형 AI가 파고든다면 어떻게 될까.
AI가 만들어 낸 가상의 인격과 결혼하겠다는 선언까지 나오는

시대다. '기계와의 교감'은 이미 서비스로서 판매되고 있으며, 고령화가 진행될수록 수요는 더욱 증가할 것이다. 그렇다면 그 방향성과 적정한 기술의 상한선에 관한 논의가 필요하다. 우리의 기술은 곧 귀여운 7살 손주를 뛰어넘을 것이기 때문이다.

프리미엄 육아와 요즘 부모

출생률은 매년 최저치를 경신하는데, 아동 프리미엄 시장의
성장세가 꾸준하다. 국내 아동용 의류 시장은 8.6퍼센트
성장해 2조 4488억 원을 기록했고, 아동 신발 시장 역시
14.7퍼센트 성장한 4548억 원으로 집계됐다. 프리미엄
브랜드의 등장과 제품 다변화가 주요 성장 요인으로
분석된다. 김혜림이 썼다.

평균 출생률 0.72명인 나라에서 아동 용품 시장이 성장하는
건 어불성설 같다. 젊은 세대는 돈 때문에 아이를 낳지 않고,
겨우 부모가 된 이들도 통장 잔고를 걱정한다. 그런데도
부모들은 더 많은 옷과 신발을, 수백만 원을 호가하는
유모차를, 어린이의 입맛과 권장 영양 섭취량에 맞춘 라면을
포기할 수 없다. 단순한 허세일까? 불일치의 기저에는 요즘
부모의 심적 기회비용이 있다.

디올의 인스타그램에 업로드된 신생아 파자마 컬렉션. 사진: @babydior

텐포켓과 VIB

덜 낳고, 늦게 낳는 시대다. 아이가 귀하다. 사회에만 귀한
게 아니다. 부모에게도 그렇다. 언제 그렇지 않았겠느냐
만은, 요즘 부모의 귀한 마음은 트렌드로 가시화하고 있다.
'아이를 위해 무엇이든 하는 부모'의 모습이 이제는 주류라는
의미다. 한 명의 자녀에게 아낌없이 돈을 쓰는 'VIB(Very
Important Baby)' 트렌드와 한 아이를 위해 10명이 지갑을
연다는 '텐 포켓(10 Pocket)' 현상이 요즘 육아를 설명하는 큰
축으로 자리 잡았다. '펜디'와 '디올' 등, 명품 유아복 브랜드는
27퍼센트의 매출 증가를 보였다. 새 제품을 사줄 수 없는
부모는 중고 키즈 명품을 구매하기 위해 손품을 판다. 중고
거래 사이트 '중고나라'에 따르면 지난 2월 1일부터 23일까지
'버버리 키즈' 키워드로 등록된 매매 글은 485건이었다. 전년
동기와 비교하면 1년만에 70퍼센트 급증한 수치다.

국민템

일부 '돈 잘 버는 부모'만의 이야기로 들릴 수 있지만, 이른바
'장비빨'로 작동하는 육아는 모두에게 적잖은 부담이다.

임신을 하게 되면 임산부는 곧장 물건으로 빽빽이 채워진 '출산 준비 리스트'를 접하게 된다. 출산 준비를 위해 필수로 쓰여야 하는 아이템이라는데, 그 개수만 50개를 훌쩍 넘는다. 이 필수템, 국민템을 모두 새로 장만하거나 프리미엄 브랜드로 구매하게 된다면 아이가 미처 크기도 전에 수백만 원을 지출해야 한다. 2024년 기준 육아 국민템으로 불리는 물품을 모두 구매한다고 치면 대략 700만 원 이상이 필요하다. 굳이 명품을 사지 않아도, 이미 육아는 '국민적 차원'에서 프리미엄화됐다.

출산하지 않는 이유

현 세대가 출산을 기피하는 가장 큰 이유는 경제적 부담인 것으로 조사됐다. 뉴스핌이 리서치앤리서치와 19~34세 청년 1100명을 대상으로 조사한 결과, 설문 응답자들이 꼽은 결혼을 하지 않는 가장 큰 이유는 '경제적으로 여유가 없기 때문(69퍼센트)'이었다. 출산을 망설이는 이유도 마찬가지였다. 양육과 교육 비용이 부담스럽다는 응답이 29.9퍼센트로 가장 큰 비중을 차지했다. 한국보건사회연구원이 조사한 결과 무자녀 신혼 가구는 자녀 한 명당 월평균 140만 원이 넘는 양육비가 들 것으로 예상한다. 프리미엄화된 육아의 시대에서 돈이 없어 출산하지 않는다는 청년 세대의 항변은 더욱 설득력을 얻는다.

출산의 비용

우려를 뚫고 아이를 낳은 부모들의 상황도 별반 다르지 않다. 보건복지부가 조사한 바에 따르면 2021년의 월평균 양육비 지출은 98만 원이다. 출산은 양육비와 교육비, 돌봄 비용으로 곧장 이어지지만, 출산 후의 경제 활동은 쪼그라들기 쉽다. 대표적인 게 육아 휴직이다. 육아 휴직 중에는 통상 임금의 80퍼센트를 받게 된다. 육아 휴직 급여의 25퍼센트는 직장에 복귀한 뒤 6개월 후에 받게 되므로 실제 체감 소득은 더 크게 줄어든다. 평균 소득이 높은 남성은 여성보다 육아 휴직을 쓰기 어렵다. 그렇게 되면 가족을 꾸린 이후 여성의 경제적 의존도가 더 커지게 된다. 경력 단절은 이렇게 구조적으로 시작된다. 부모가 모두 일을 이어 나간다고 하더라도 돌봄 비용, 주거 비용, 교육비 등의 지출은 더 커질 수밖에 없다. 출산의 비용이 불어난다.

심적 기회비용

경제적 비용만이 다가 아니다. 요즘 부모들은 그 무엇도 포기하고 싶지 않다. 요즘 부모는 자신의 부모처럼 육아하고 싶지 않은 세대다. 친구처럼 편안한 부모가 되고 싶고, 육아로 인해 자기 일을 포기하고 싶지도 않다. 이 두 욕망 사이에서 딜레마가 시작된다. 완벽한 부모가 되려면 일해야 하는데, 동시에 아이를 위한 시간을 내야만 멋진 부모가 된다. 완벽한 육아를 향한, 해소 불가능한 갈등이다. 아이를 낳지 않았으면 느끼지 않았을 죄책감이 생긴다. 《정신의학 리뷰》에 실린 한 연구에 따르면 사회적으로 바람직하게 여겨지는 어머니 역할과 실제 사이의 불일치를 경험할 때 어머니는 죄책감을 느꼈다. 절대적 시간이 부족한 취업모는 그러한 죄책감이 더욱 셌다. 요즘 육아에는 과거와는 다른, 심적 기회비용이 덧붙는 셈이다.

FOMO 위의 안식처

밀레니얼 세대의 라이프 스타일도 심적 기회비용을 늘리는 방향으로 작용한다. 디지털 환경에 익숙한 밀레니얼 세대는 실시간으로 타인의 육아 생활과 자신의 육아를 비교해야 하는 상황에 놓인다. 육아와 관련한 소셜 미디어 활동이 증가하고, 셀럽과 연예인의 화려한 육아 생활이 실시간으로 공유되기 때문이다. 각종 커뮤니티에서는 홍수처럼 육아 정보가 쏟아진다. 자신이 놓친 것은 없는지 점검하고 불안해하기 쉽다. 육아의 FOMO 현상이다. 프리미엄 제품은 그러한 심적 부담을 일부 보상해 줄 수 있는 도구다. 육아 필수템으로 한정된 시간 내에서도 질 높은 육아를 가능케 하고, 값비싼 명품 의류면 아이가 뒤처진다는 생각을 잠시 잊을 수 있다. 무리해서 영어 유치원을 보내고, 사교육을 시키는 것도 같은 맥락이다.

정책이 놓치는 것

저출생에 대응하는 정부는 양육 비용과 돌봄 부담을 줄여 주는 데 초점을 맞추고 있다. 2024년 예산안에서 정부는 돌봄과 교육에 1조 3245억 원을, 양육 비용 부담 경감에 2조 8887억 원을 배정했다. 돌봄 수당을 늘리고, 육아 휴직 급여 기간을 6개월 연장하는 식이다. 대부분의 정부 정책은 요즘 부모의 경제적 기회비용을 줄이는 데 치중한다. 그러나 밀레니얼 세대 부모를 이해하지 않는다면 그들이 간직한 심적 부담을 완화하기는 어렵다. 아이를 완벽하게 키워 내야 한다는 강박, 자신의 삶과 육아를 병행하고 싶다는 욕심, 다른 아이에게 단 하나라도 뒤처져서는 안 된다는 신념까지. 밀레니얼 세대의 시선을 파악해야만 VIB와 텐포켓의 부담에서 벗어날 수 있다. 프리미엄 시장 확대의 원인이 부모의 단순한 허세심로 분석돼서는 안 되는 까닭이다. 심적 부담을 경제적 부담으로 돌려막는 것, 요즘 부모가 경험하는 프리미엄 육아 열풍의 본질이다.

IT MATTERS

저출생 대응에 있어 예산에 앞서 고려돼야 할 것은 요즘 부모의 눈이다. 그들의 심적 기회비용은 이루고 싶은 이상적 부모의 모습과 현실 사이의 괴리로 인해 발생한다. 현실을 그들의 이상에 가깝게 만드는 것도 방법일 테지만, 이상적인 부모의 형태를 얇고 넓게 펼치는 것도 하나의 방법이다. 정상 가족의 환상에서 벗어나 새로운 형태의 육아 공동체가 가능하도록 제도를 수정하는 것, 밀레니얼 세대의 심리적 유연성을 기르기 위해 상담과 교육 프로그램을 강화하는 것으로 저출생 대책을 시작할 수 있다.

무엇보다 필요한 건 실패에 대한 심리적 저항감을 낮추는 일이다. 고려대학교 심리학부의 허지원 교수는 밀레니얼 세대가 집값 상승, 취업난 등 '개인의 노력만으로 극복하기 어려운' 좌절에 노출돼 있었다고 지적했다. 요즘 부모를 위해서라면 조금은 실패하더라도 육아는 무사하다는 인식을 만드는 것이 병행돼야 한다. 물론 구조의 변화는 빠르지 않다. 그러나 그러한 노력이 없다면 저출생 대응은 낭비되거나 소진되기 쉽다.

알테쉬의 제국

공정거래위원회가 '알테쉬(알리익스프레스, 테무, 쉬인)'으로 대표되는 C-커머스(중국 이커머스 업체)에 강력한 제재를 부과하겠다고 밝혔다. 일명 '짝퉁' 제품이나 상품 소개와 다른 상품을 배송받는 등 소비자 피해가 늘어나고 있는 가운데 내놓은 대책이다. 방법은 '국내 대리인 지정 의무화'다. 해외 플랫폼의 경우 공정위가 직접 들여다볼 수 없으니, 국내 대리인을 두게 해, 대신 조사를 받거나 소비자 보호 의무를 지우겠다는 것이다. 다만, 업계에서는 실효성에 의문을 제기한다. 신아람이 썼다.

이 정도면 공해다. 거의 모든 온라인 공간을 뒤덮고 있는
C-커머스 업체들 광고 얘기다. 특히 테무의 광고를 피하기란
불가능한 수준이다. 그만큼 이들 플랫폼의 영향력은 커졌다.
우리나라만의 이야기가 아니다. 이들은 미국을 시작으로 전
세계를 향한 정복 전쟁을 수행 중이다. 이미 제국은 그 틀을
갖췄다. 초저가가 내리는 도파민의 은총에서 헤어날 수 없는,
'일테쉬'의 제국이다.

Temu의 '억만장자처럼 쇼핑하세요' 캠페인. 사진: Temu

알테쉬가 왔다

우리가 지금 가장 많이 쓰는 쇼핑 앱은 쿠팡이다. 그다음으로
많이 쓰는 앱은 알리익스프레스다. 아직 차이는 크다. 지난
2월 기준으로 두 쇼핑몰의 사용자 수 차이는 3.5배 정도다.
그러나 알리익스프레스는 1년 만에 두 배 이상 성장했다.
쿠팡도 안심할 수만은 없다는 얘기다. 알리에게 밀려난
11번가를 바짝 추격하고 있는 것이 테무다. 2023년 7월
처음으로 한국 시장에 발을 디뎠는데 벌써 G마켓, 티몬,
위메프 등을 제쳤다. 무서운 기세다. 11번가는 2위 탈환은커녕
3위 수성도 위태롭다.

밑지는 장사

당황하고 있는 것은 한국뿐만이 아니다. 전 세계적인
현상이다. 미국 시장을 거의 독과점하다시피 하는 아마존도
밀리고 있다. 특히 테무의 기세가 무섭다. 작년 한 해 미국
쇼핑 앱 다운로드 1위를 차지한 것이다. 쉬인이 그 뒤를
이었다. 애플 앱스토어에서는 3위, 안드로이드 스토어에서는
2위였다. 당연한 결과다. 광고비를 쏟아붓고 있기 때문이다.

제이피 모건(JP Morgan)에 따르면, 테무의 마케팅 비용은 2023년에 17억 달러에 달했으며, 2024년에는 30억 달러로 증가할 것으로 예상된다. 골드만 삭스는 테무가 주문 한 건당 평균 7달러씩 밑지고 팔았다고 추정한다.

억만장자의 쇼핑몰

물론 밑지는 장사를 영원히 하지는 않을 것이다. 시장을 장악하기 위한 마케팅이다. 하지만 공격적인 마케팅에는 곱지 않은 시선도 따라붙는다. 작년에 이어 올해도 미국 슈퍼볼 광고에 가장 많은 금액을 쏟아부은 광고주는 테무였다. 30초에 약 93억 원에 달하는 광고비를 부담하고 무려 여섯 번이나 광고를 집행했다. 하지만 '억만장자처럼 쇼핑하라'는 캐치프레이즈가 말이 안 된다는 조롱이 터져 나왔다. 엄청난 물량 공세에도 테무의 광고는 슈퍼볼 광고 선호도 조사에서 최하위의 불명예를 안았다.

극초저가의 시대

억만장자는 테무에서 쇼핑하지 않는다. 그럴 리 없다. 그러나 테무에겐 상관없다. 어차피 소비 시장은 갈수록 양극화가 심화하고 있기 때문이다. 테무나 알리는 저가 쇼핑몰이라는 표현으로는 부족하다. 극초저가다. 천 원으로도 살 수 있는 상품이 넘쳐난다. 테무의 중국 모회사 '핀둬둬'는 알리바바와 징둥닷컴에 이은 후발 주자로 시장에 진출했다. 특별한 전략이 필요했던 핀둬둬는 타깃을 명확히 했다. 1~2 위안에도 민감한 사람들, 이른바 '제5 순환도로 바깥'에 사는 중소 도시와 농촌 지역의 중년 여성부터 공략한 것이다. 전략은 성공했다. 그리고 지금, 전 세계가 불황과 고물가를 앓고 있다. 테무에겐 참 좋은 시절이다.

그냥 둘러보다 샀어

게다가 이 '극초저가' 전략이 미국이나 한국과 같은 새로운 시장에서는 다른 방식으로도 소비되고 있다. 마치 '다이소 플렉스'처럼, 소비 자체를 도파민 공급의 수단으로 삼는 것이다. 몇만 원어치 주문해서 도착한 물건 중에는 도저히 사용할 수 없는, 조잡한 상품이 꽤 섞여 있다. 하지만 이미 이것저것 담아 구매 버튼을 누르며 즐거움을 경험했고, 워낙에 가격이 저렴하다 보니 받은 물건 중 3분의 1 정도는 그냥 버려도 상관없다. 내 취향에 꼭 맞는 좋은 물건을 세심히 골라 소유할 재정적 여유도, 그 물건을 잘 보관해 사용할 주거 공간도 없는 불황기의 소비자에게 테무나 알리는 '온라인 스타필드'처럼 기능한다.

Dupe

게다가 젊은 세대를 중심으로 이른바 '짝퉁' 소비의 감각이 달라지고 있다는 점도 주목할 만하다. 짝퉁은 거짓말이었다. 내가 소유할 수 없는 물건을 소유하고 있다는 거짓의 과시다. 그러나 'Dupe'는 다르다. 저렴한 카피 제품(Duplication)을 뜻하는 은어, 'Dupe'는 틱톡의 패션 채널에서 흔히 목격된다. 젊은 세대에게 Dupe를 구매하는 행위는 게임인 동시에 합리적인 선택이다. 그리고 쉬인 등 중국 이커머스 플랫폼에는 오늘 나온 고가 브랜드의 Dupe가 내일 업로드된다. 중국에 '보테가 베네타'는 없다. 하지만 똑같이 만들 수 있는 공장이 있다.

C2M

우리는 중국의 공장을 쉬이 잊는다. 그러나 여전히 세계는
중국산 공산품 없이는 살아갈 수 없다. 다만, 지금까지는
유통 과정에서 마진이 붙고 브랜드 가격도 덧붙었다.
C-커머스 업체들이 공략한 것이 바로 이 부분이다. 어차피 다
중국산인데, 공장과 소비자 사이에 불필요한 과정을 생략하면
시장이 열린다는 계산이다. 테무의 C2M(Customer-to-
Manufacturer) 유통 방식이 대표적이다. 중간 유통 단계를
아예 없애고 공장과 소비자 사이에 테무만 남겼다. 가격도,
제품도 테무가 정한다. 말이 되나 싶지만, 팬데믹 이후
내수 경기가 침체하면서 멈춰 선 공장이 많아져 이 구조가
가능하다. 쉬인도 중국 전역에 6000여 개의 공장과 협업하고
있다. 속도가 실력인 패션 업계에서는 대단한 경쟁력이
된다. H&M, ZARA 등의 패스트 패션보다 빠른, 'real-time
commerce'가 실현되는 배경이다.

IT MATTERS

이미 중국에는 싸고 빠르게 만들어 팔 능력이 있었다.

소비자가 브랜드에 가치를 지불할 마음이 점점 작아지고 있는 요즘, C-커머스는 기회를 잡았다. '알테쉬' 제국은 점점 커질 것이다. 물론 위험 요소도 있다. 최근 알리 등에 입점하는 국내 기업은 늘어나지만, 여전히 플랫폼이 갖는 조악한 이미지 때문에 직접 입점은 꺼리는 분위기다. 입점 사실을 쉬쉬하는 기업도 있을 정도다. '샤이 알리' 현상이다. 불쾌한 쇼핑 경험이 쌓이고 있다는 점도 무시할 수 없다. 하지만 'made in china'는 지난 몇십 년간 '저품질'의 이미지를 극복하는 데에 성공했다. C-커머스에게도 계획은 있다.

틱톡틱톡, 180일 남았다

미국 하원이 3월 13일 틱톡 배포를 금지하는 법안을
통과시켰다. 법안의 이름은 '외국의 적이 통제하는
애플리케이션으로부터 미국인을 보호하는 법안'이다.
상원에서도 이 법안이 통과되고 대통령이 서명을 마치면
틱톡은 180일 내로 미국 법인을 매각해야 한다. 매각하지
않을 경우 구글과 애플의 앱스토어에서 퇴출당한다. 이연대가
썼다.

WHY NOW

중국계 소셜 미디어 틱톡은 미국인 1억 7000만 명이 하루 평균 56분을 이용하는 인기 앱이다. 미국 정치권은 틱톡이 미국 사용자 정보를 중국 공산당에 유출해 국가 안보에 위협이 될 수 있다고 본다. 틱톡에겐 네 가지 선택지가 있다. ①상원 통과 전에 상원을 설득하거나 ②상원 통과 후에 매각하거나 ③미국 사업을 포기하거나 ④미국 행정부를 상대로 소송을 제기하는 것이다.

미국 하원이 틱톡 금지 법안을 통과시킨 다음 날인 3월 14일, 틱톡 CEO 슈우 지 츄(Shou Zi Chew)가 워싱턴DC 국회의사당에서 기자들과 이야기하고 있다. 사진: Anna Moneymaker, Getty Images

셧다운

3월 6일 틱톡은 미국 사용자에게 알림을 보냈다. "틱톡 폐쇄를
막아 주세요." 미국 의회가 틱톡 퇴출을 계획하고 있다면서
틱톡이 당신에게 얼마나 소중한지 의원들에게 알리고
반대표를 던지라고 요청해 달라는 내용이었다. 의원들에게
바로 전화할 수 있는 'Call Now' 버튼까지 있었다. 이날
의원실에는 전화가 폭주했다. 1000통이 넘는 전화를 받은
사무실도 있었다.

352 대 65

틱톡의 알림은 역효과를 냈다. 찬반 결정을 내리지 못한
일부 의원들은 이 알람이야말로 틱톡이 미국 유권자에게
영향력을 행사하는 증거라고 판단했다. 하원은 찬성 352명,
반대 65명으로 법안을 통과시켰다. 상원에서도 이 법안이
통과되면 틱톡의 모회사 바이트댄스는 180일 내로 틱톡의
미국 사업장을 매각해야 한다. 그러지 않으면 구글과 애플의
앱스토어에서 퇴출당한다.

스파이 앱

틱톡 본사는 미국 로스앤젤레스와 싱가포르에 있다. 그런데 모기업이 중국의 IT 기업 바이트댄스다. 미국 정치권은 중국 공산당이 틱톡을 통해 미국 시민의 정보를 빼내거나 중국에 유리한 여론을 형성할 수 있다고 의심한다. 틱톡은 미국 사용자 데이터는 미국 기업 오라클의 미국 내 서버에 저장하고 있다고 반박한다. 모기업의 지분도 칼라일 같은 글로벌 투자사가 60퍼센트를 차지해 공산당의 영향을 받지 않는다고 주장한다.

상원

하원은 틱톡 금지 법안을 압도적인 표 차이로 통과시켰지만, 상원의 전망은 불투명하다. 법안 취지에는 공감하지만 지나친 규제라는 의견이 있다. 일부 의원은 표현의 자유를 명시한 수정 헌법 1조에 위배될 수 있다고 보고 있다. 또 일부는 권위주의에 권위주의로 대응하는 것이 과연 맞느냐고 질문한다. 상원 상무위원회와 정보위원회는 20일 비공개 회의를 열어 정부 안보 당국자들에게 틱톡 관련 안보 현황을 보고받을 예정이다.

매각하거나 퇴출당하거나

틱톡 미국 법인의 가치는 최대 1500억 달러로 평가된다. 200조 원에 달하는 회사를 180일 안에 팔아야 한다. 몸값이 워낙 비싸서 인수할 만한 곳이 손에 꼽을 정도다. 마이크로소프트, 알파벳, 애플처럼 현금 보유 규모가 넉넉한 회사는 반독점 때문에 인수에 나서기 어렵다. 중국 정부도 매각에 걸림돌이다. 중국 정부는 틱톡의 추천 알고리즘 등을 수출 금지 목록에 올렸다. 인수 기업은 중국의 승인을 얻거나, 틱톡의 핵심 기술은 빼고 인수해야 한다. 둘 다 일어날 수 없는 일이다. 매각에 실패해 미국 앱스토어에서 퇴출당하면 어떤 일이 벌어질까. 틱톡에 광고를 싣던 광고주들은 어디론가 이동해야 한다. 결국 페이스북과 인스타그램을 보유한 메타, 유튜브를 보유한 알파벳이 횡재를 누릴 수 있다.

법정 다툼

매각할 수도 퇴출당할 수도 없는 틱톡은 법정 다툼을

예고하고 있다. 이번 법안이 표현의 자유를 보장하는 미국 수정 헌법 1조를 위반한다는 것이다. 틱톡 금지가 이번이 처음은 아니다. 트럼프 행정부는 2020년 행정 명령을 발동해 틱톡 사용 금지를 추진했다. 당시 법원은 틱톡이 국가 안보에 미치는 위협이 표현의 자유를 제한할 만큼 크다는 걸 정부가 입증하지 못했다며 틱톡 손을 들어줬다. 이전 판례를 볼 때 다시 법정으로 간다면 틱톡이 승리할 가능성이 있다.

바이든과 트럼프

바이든과 트럼프는 틱톡 퇴출에 상반된 입장이다. 바이든 대통령은 틱톡 금지 법안이 상원을 통과하면 서명하겠다고 말했다. 반면 트럼프 전 대통령은 재임 때 틱톡 금지를 추진했지만 태도를 바꿨다. 트럼프는 "틱톡을 없애면 페이스북이 두 배로 성장할 뿐"이라며 반대 의사를 밝혔다. 트럼프는 틱톡도 싫어하지만, 페이스북은 더 싫어한다. 심지어 "국민의 적"이라고 부른다. 페이스북은 2021년 1월 트럼프가 지지자들에게 의회 폭동을 선동했다며 트럼프의 페이스북 계정을 정지한 바 있다.

중국은 인터넷 방화벽으로 만리장성을 쌓았다. 중국에서는 구글, 페이스북, 유튜브, 심지어 위키피디아에도 접속할 수 없다. 시진핑 주석은 가상 세계와 현실 세계에 차이를 두지 않고 크고 넓고 꼼꼼하게 인터넷을 검열한다. 미국 의회는 앱과 웹사이트를 차단하는 권위주의적인 국가의 목록에 미국을 추가하려고 한다. '적대 국가'와 관련이 있다면 무엇을 볼 수 있고 볼 수 없는지 결정할 권한을 연방 정부에 부여하려는 것이다. 지금 미국은 미국과 '적대 국가' 사이의 중요한 차이점 중 하나를 없애고 있다.

AI의 전장, 저작권법

미국 소설가 세 명이 지난 8일 엔비디아를 상대로 저작권
침해 소송을 제기했다. 엔비디아가 자사 챗봇 '네모'를 개발할
때 19만 권의 책을 학습시켰는데, 여기에 자신들의 작품이
들어가 있다는 것이다. 이들이 청구할 수 있는 손해 배상액은
결정되지 않았지만, 수억 달러에 이를 전망이다. 엔비디아는
"우리는 저작권법을 준수해 네모를 만들었다"고 밝혔다.
이연대가 썼다.

생성 AI 기업에 저작권 침해 논란이 잇따르고 있다.
《뉴욕타임스(NYT)》는 지난해 12월 오픈AI가 자사
기사 수백만 건을 챗봇 훈련에 무단으로 이용했다며
소송을 제기했다. 게티이미지도 이미지 생성 AI 기업인
스태빌리티AI를 상대로 법적 공방을 벌이고 있다. AI 기술의
방향이 입법이나 규제보다 저작권법에서 결정될 가능성이
커지고 있다.

2024년 1월 11일 오픈AI CEO 샘 올트먼이 미국 국회의사당을 방문했다.
사진: Kent Nishimura, Getty Images

냅스터

1999년 냅스터가 나왔다. 사실상 세계 최초의 P2P 음원 공유 서비스였다. CD와 테이프에 담겨 음반 단위로 유통되던 음악 상품을 MP3 포맷으로, 곡 단위로, 무료로 주고받을 수 있게 했다. 2001년 미국 법원은 저작권 침해를 이유로 냅스터에 폐쇄 명령을 내렸다. 냅스터가 음악 산업의 지적 재산(IP)을 강탈했듯, 지금 생성 AI 기업들은 텍스트, 이미지, 비디오, 사운드, 모든 영역의 IP를 강탈하고 있다.

데이터

데이터는 21세기의 석유다. 그런데 생성 AI 기업은 기름값을 내지 않는다. 생성 AI가 무에서 유를 만들어 내는 것처럼 보이지만, 실제로는 그렇지 않다. 생성 AI는 수십억 개의 매개 변수에 의해 훈련된다. AI는 데이터의 패턴을 분석해서 규칙을 만들고, 사용자의 명령에 응답한다. 인터넷상의 거의 모든 정보가 AI의 학습 데이터가 된다. 데이터가 없으면 AI도 없다.

판례

그런데 이런 데이터가 저작권자의 허락 없이 사용되고 있다. 최근 잇따르는 소송이 이런 경우다. 내 허락도 없이 내가 쓴 글을 AI가 학습하는 것이다. 콘텐츠 영역만의 문제가 아니다. 자율주행차, 바이오, 로봇 등 머신러닝이 사용되는 모든 비즈니스에서 데이터의 소유권이 문제가 될 수 있다. 문제는 AI 기술의 발전이 너무 빨라서 법도 없고 판례도 없다는 것이다.

공정 이용

소송의 결과는 '공정 이용'의 해석에 달렸다. 공정 이용이란 저작권자의 허락 없이 저작물을 사용할 수 있는 특수한 경우를 의미하는데, 보도, 비평, 교육, 연구 등을 위해서는 정당한 범위 안에서 저작물을 허가 없이 이용할 수 있다. 예를 들어 교육 목적으로 고등학교 교실에서 학생들을 상대로 한 방송사의 다큐멘터리를 틀어 줬다면 저작권 침해로 보지 않는 것이다.

무임승차

창작자들은 AI가 저작물 일부를 발췌하는 게 아니라 사실상 저작물을 통째로 흡수하고 재배열하기 때문에 공정 이용의 대상이 아니라는 입장이다. AI 기업들이 공정 이용을 남용해 개인의 저작물에 무임승차한다는 것이다. NYT는 퓰리처상을 수상한 자사 기사를 챗GPT가 그대로 인용한 예를 들며, 생성 AI가 훈련된 데이터를 변형하지 않았으므로 공정 이용이 아니라고 주장한다.

패턴 매칭

생성 AI 기업들은 학습 데이터 이용이 공정 이용에 해당한다고 주장한다. 생성 AI는 학습한 내용을 바탕으로 프롬프트와 가장 유사한 작업을 예측하고 작성하는 패턴 매칭 기술이기 때문에 저작권 침해가 아니라는 입장이다. 오픈AI는 NYT가 챗GPT의 답변이 자사 기사와 똑같이 나올 때까지 같은 질문을 수만 번 반복했다고 주장한다. 또한 일부 질문은 사용 약관을 위반한 '기만적인 프롬프트'였다고 밝혔다.

비인간의 창작

문제는 또 있다. AI의 데이터 학습만이 유일한 법적 문제는 아니다. 저작권은 인간이 창작한 작품에만 적용된다. AI가 만든 콘텐츠에 저작권을 주장할 수는 없다. 그렇다면 생성 AI가 미키마우스 그림을 그리고, 디즈니가 이를 저작권 침해로 소송을 제기하면 법원은 저작권 침해의 책임을 누구에게 물어야 할까. AI를 개발한 연구원일까, 회사일까, 프롬프트를 입력한 사용자일까.

IT MATTERS

인류는 이번 세기 가장 중요한 법적 질문 앞에 섰다. AI의 저작권 침해 소송의 결과가 기술의 미래를 결정하게 된다. 그런데 사실 저작권법은 AI의 영향에 대응하기 위해 만들어진 법이 아니다. 창작자의 권리를 보호하기 위해 만들어진 법이 AI로 인한 인간의 노동, 창작의 의미, 사회 변화, 모든 걸 바꾸게 될 수 있다. 저작권법에만, 법원에만 맡겨 두기엔 너무나 크고 중요한 문제다. 우리에겐 철학적 고민과 사회적 합의를 거친 새로운 법이 필요하다.

기후에 투자하세요

미국 증권거래위원회(SEC)가 상장 기업에 기후 위기 관련 정보 공시를 의무화하는 규칙을 최종 승인했다. SEC는 2년간 각계 의견을 수렴한 끝에 3월 6일 이 규칙을 표결에 붙여 3 대 2로 통과시켰다. 제정을 주도한 게리 겐슬러 SEC 위원장을 포함한 민주당 성향 위원 세 명이 찬성표를 던졌고, 공화당 성향 위원 두 명이 반대표를 던졌다. 이연대가 썼다.

WHY NOW

이제까지 비재무적 요소였던 기업의 기후 대응 정보가
앞으로는 재무적 요소처럼 취급된다. 새 규칙이 시행되는
2026년부터 미국 상장 기업은 매출을 공개하듯 온실가스
배출량을 공개해야 한다. 홍수, 산불처럼 기업 수익에 영향을
미칠 수 있는 잠재적 기후 위험도 분석해 공개해야 한다.
우리나라도 2026년부터 ESG 공시 제도를 도입할 예정이다.

게리 겐슬러 미국 증권거래위원회(SEC) 위원장이 지난해 9월 미국
워싱턴DC 국회의사당에서 열린 상원 은행위원회 청문회에 참석하고
있다. 사진: Drew Angerer, Getty Images

기업 공시 제도

상장 기업은 분기마다, 연도마다 사업 보고서를 공개한다.
공시 시기가 아니어도 최대 주주가 주식을 취득하거나 처분할
때처럼 회사에 중요한 이슈가 발생하면 공개해야 한다. 이를
기업 공시 제도라고 한다. 투자자의 투자 판단을 돕기 위해
경영 실적, 재무 상태, 대주주 현황, 증자 같은 기업 정보를
공개하는 것이다. SEC는 이런 공시 항목에 기후 정보를
추가하기로 했다.

기후 공시

기후 정보를 왜 공개하게 할까. 투자자들이 원하기 때문이다.
기후 위기 대응 노력은 이제 기업 매출과 투자 유치에 영향을
미친다. 지난 몇 년간 투자자들은 기업에 기후 정보를 더 많이,
더 일관되게 공개하라고 요구해 왔다. 그 결과 미국 상위
1000개 기업 중 80퍼센트 이상이 ESG 보고서를 펴내 기후
정보를 공개하고 있다. SEC는 이미 많은 기업이 자발적으로
제공하는 기후 정보에 일관성을 요구하기 위해 규칙을
도입했다.

공개 범위

기후 정보 공개는 범위에 따라 세 단계로 구분된다. 스코프(scope)1은 기업이 제품을 생산하면서 직접 발생시키는 탄소 배출이다. 스코프2는 기업이 구매해서 소비한 전기, 냉방, 난방 등에서 발생하는 탄소 배출이다. 스코프3은 기업의 가치 사슬에서 발생하는 모든 탄소 배출이다. 협력 업체의 탄소 배출부터 직원의 통근으로 발생하는 탄소 배출까지 모두 포함된다. SEC의 이번 규칙은 스코프1과 2만 공개 대상으로 삼는다.

잠재적 위험

기업은 향후 중대한 영향을 미칠 수 있는 기후 관련 위험도 공시해야 한다. 허리케인, 폭염, 산불, 해수면 상승 같은 기후 재난의 영향을 공개하고, 회사의 기후 관련 목표도 제시해야 한다. 실제로 미국에서는 석유 기업이 기후 변화의 위험을 은폐했다면서 산불, 폭염 같은 기후 재난에 책임을 묻는 소송이 잇따르고 있다. 투자자에게 이런 잠재적 투자 손실의 위험까지 공개하게 했다.

공화당의 반발

미국 상공회의소와 공화당은 기후 정보 공시 의무가
과도하다는 입장이다. 공화당이 우위인 10개 주는 벌써
소송을 제기했다. 이들은 "바이든 행정부가 SEC를
무기화"하고 있다면서 "급진 좌파의 기후 의제가 기업에
부담을 주게 될 것"이라고 주장한다. 공화당 소속으로 하원
금융서비스위원회 위원장을 맡고 있는 패트릭 맥헨리는
"지독한 규제 과잉"이라며 이 규칙이 자본 시장에 미치는
영향을 조사하는 청문회를 열겠다고 밝혔다.

환경 단체의 반발

환경 단체 역시 이번 규칙에 반발하고 있다. 스코프3가 빠진
기후 공시는 기후 위기를 해결하는 데 충분하지 않다는
이유다. 당초 SEC는 스코프3까지 의무화하려 했지만,
기업들이 규정 준수에 들어가는 비용과 데이터 측정의 현실적
어려움을 호소해 결국 제외됐다. 컨설팅 기업 딜로이트의
분석에 따르면 대부분의 기업에서 스코프3가 탄소 배출량의
70퍼센트를 차지한다.

세계적 흐름

SEC의 기후 공시 규칙이 세계 최초는 아니다. 유럽
연합(EU)에선 올해 1월부터 스코프3 배출량도 보고하게
하는 '기업 지속 가능성 보고 지침(CSRD)'이라는 규정이
발효됐다. 내년부터는 유럽에 있는 해외 기업의 지점에도
적용된다. 미국 캘리포니아주도 2023년 10월 기후 공시 의무
법안을 제정했다. 캘리포니아에서 사업을 하면서 연간 매출이
10억 달러를 넘는 기업은 2026년부터 스코프1, 2 배출량을
공시하고, 2027년부터는 스코프3까지 공시해야 한다.

IT MATTERS

현재 우리나라는 기후 공시가 의무는 아니다. 오는 4월 탄소
배출량을 포함한 ESG 공시 기준 초안을 발표하고, 2026년
이후부터 도입할 예정이다. 2026년에 공시를 시작한다면
2025년 성보부터 공시해야 하니, 올해부터 준비해야 한다.
현재 국내 기업은 ESG 정보를 지속 가능 경영 보고서에 담아
공개한다. 2023년 기준으로 국내 시총 200대 기업 중 166곳이
지속 가능 경영 보고서를 펴냈다. 그런데 이 보고서는 의무

사항이 아니다 보니 기업이 공개하고 싶은 부분만 선택적으로 공개할 수 있다. 공시라기보다 홍보에 가깝다. 지난해 녹색전환연구소는 기후 공시 관련 국제 권고안(TCFD)을 바탕으로 국내 온실가스 배출 상위 32개 기업의 기후 공시를 분석했다. 평균 점수가 100점 만점에 38점이 나왔다. 기후 공시까지 2년 남았다.

금융이 시키는 육식

은행의 자금 조달이 전 세계 육류와 유제품의 생산 증가를 주도하고 있는 것으로 드러났다. 영국의 캠페인 그룹인 '피드백'이 발표한 보고서에 따르면 2015년부터 2022년까지, 글로벌 은행 기업들은 전 세계 상위 55개 축산 기업에 연평균 770억 달러의 신용을 제공했다. 일부는 이를 위해 삼림 벌채 금지 정책까지 타협한 것으로 드러났다. 김혜림이 썼다.

WHY NOW

파리기후협정의 목표를 달성하기 위해 전 세계는 가축
배출량을 2036년까지 61퍼센트 감소시켜야 한다. 개인의
결심으로 가능한 일이 아니다. 현대의 고기 소비는
조직적이다. 자본과 은행, 글로벌 유통망과 기업이 우리의
식탁 위에 고기를 올린다. 조직적인 육류 소비에서
벗어나려면 우리의 눈은 더 위쪽을 향해야 한다.

2021년 독일에서 동물 및 환경 운동가들이 공장식 축산에 반대하는
시위를 벌이고 있다. 당시 독일 알트테린의 한 돼지 사육 농장에서 화재가
발생해 5만 5000마리의 돼지가 고통스럽게 죽었다. 사진: Jens Büttner,
picture alliance, Getty Images

JBS와 바클리스

JBS는 브라질의 다국적 식품 기업으로 세계 최대의 육류 가공업체다. 2021년에만 2억 8790만 톤의 온실가스를 배출했다. GWP20 기준으로 측정한다면 5억 4060만 톤이었는데, 이는 스페인이 배출한 온실가스보다 많은 양이다. JBS는 44억 마리의 닭, 2350만 마리의 소와 5030만 마리의 돼지를 도축할 수 있다. 이런 JBS의 든든한 도축 자금원이 되어 주는 곳은 다름 아닌 은행이었다. 영국에 본사를 둔 글로벌 금융 서비스 기업 '바클리스'는 JBS에 67억 달러의 채권을 제공했다. 2023년 3월 기준, 55개의 축산 대기업의 주식 및 채권 보유액은 3233억 원에 달한다. 공장식 축산은 금융 위에서 자랐다.

9퍼센트

숨 쉬는 모든 것은 온실가스를 배출한다. 소와 양, 사슴과 같은 반추동물은 특히 더 그렇다. 소가 먹는 뻣뻣한 풀은 장내 미생물의 도움을 받아 소화되는데, 이때 지구 온난화에 영향을 미치는 온실가스인 메탄이 발생한다. 숲을 벌목해

만드는 방목지와 소가 먹을 사료를 재배하기 위한 토지
변화, 소와 소고기를 도축하고 유통하는 과정에서도 탄소가
발생한다. 이런 소를 더 많이, 더 빠르게 소비하도록 만드는
곳이 바로 공장식 축산 기업이다. 더 많은 금융 자본이
투입될수록 전 세계 육류 생산량도 함께 늘었다. 육류
생산량은 2015년에서 2021년 사이에만 3억 2531만 톤에서
3억 5482만 톤으로 9퍼센트 증가했다. 그사이 축산 대기업에
투입된 금융 자본은 6150억 달러가 넘는다.

그린 워싱

ESG가 화두인 시대다. 공장식 축산, 산업형 도축이 메탄을
배출하고, 지구 온난화를 가속화한다는 건 이제 널리
알려진 상식이 됐다. 55개의 기업은 어떻게 이 난점을
돌파해 나갔을까. 첫 번째 방법은 로비였다. 2014년부터
2020년까지, 육류 및 유제품 업계는 미국에서 3000만 달러,
유럽에서 1800만 달러의 로비를 지출했다. 2023년에는
FAO(유엔식량농업기구)가 가축의 부정적인 영향을
강조하려는 저자를 검열하기도 했다. 이번 FAO의 로드맵에도
공장식 축산과 동물성 식품 소비에 관한 가이드라인은

없었다. 두 번째 방법은 메탄의 수치, 그 자체였다. 축산 기업들은 사료 첨가제와 방목 관리를 통해 ESG스러운 수치를 만들었다. 메탄 배출량 자체에만 사람들의 눈을 고정하기 좋았다. 이와 같은 방법을 통한다면 실제로 소가 내뿜는 메탄 자체는 줄어든다. 그런데 이게 실제로 기후 위기를 멈출 수 있을지는 미지수다.

생산량

IPCC 보고서를 작성한 기후 과학자 200여 명을 대상으로 한 설문 조사에 따르면 78퍼센트의 전문가는 전 세계의 절대적 가축 수가 2025년 정점에 도달할 것으로 예상했다. 85퍼센트는 가축 유래 식품을 적게 섭취하는 식단 전환이 필요하다는 데 동의했다. 직접적인 배출량을 절감할 수 있을 뿐 아니라 가축 수를 줄이면 자연을 복원해 탄소를 줄일 수도 있게 된다. 육류와 양식업, 유제품을 생산하는 데 이미 전 세계 농지의 83퍼센트가 사용된다. 이 농지가 복원된다면 다양한 동물이 살아갈 서식지도 늘어난다. 그래서 결국, 중요한 건 생산량이다. 소가 메탄을 덜 내뿜는다고 해서, 지구 온난화가 멈춰지지는 않는다.

축산 기업의 눈속임

전 세계 축산 기업이 택한 방향은 조금 다른 것처럼 보인다.
55개 축산업체 대부분은 가축 생산량을 늘리려는 계획을
밝혔다. 2위 기업인 타이슨 푸드는 전 세계 소고기, 돼지고기,
닭고기 소비량이 향후 10년간 950억 파운드 가까이 증가할
것이라 예상했으며 "모든 부문에서 시장보다 앞서가는 양적
성장을 목표로 하고 있다"고 밝혔다. 소수의 축산 기업들은
식물성 버거와 대체육 생산으로 다각화를 시도했다. 물론
주요 축산 산업의 성장을 대체하는 것이 아닌, 추가적인 부가
사업 수준이었다. JBS는 2021년에 식물성 단백질 브랜드인
'비베라(Vivera)'를 인수했고, 타이슨 푸드 역시 식물성
제품군을 보유하고 있었다. 그러나 그만큼 생산량을 줄일
계획은 없었다.

금융 기업의 눈속임

이 교묘한 눈속임을 든든히 떠받치는 게 바로 은행이다.
바클리스는 2023년 남미 불법 삼림 벌채에 관여하는 축산
기업에 이제는 자금을 지원하지 않겠다고 발표하며, 2021년

이후에는 이러한 기업에 자금을 대지 않았다고 주장해
찬사를 받았다. 결론적으로는, 눈속임이었다. 바클리스는
2021년부터 2022년까지 JBS의 자회사인 JBS USA에 8400만
달러의 기업 대출을 제공했고 25억 9000만 달러의 채권을
발행했다. 3억 3700만 달러의 리볼빙을 제공하기도 했다.
바클리스는 JBS의 자회사에만 재정을 지원해 문제가 없다는
의견이었으나 자회사인 JBS USA 역시 모회사의 남미
사업장에서 육류를 수입하는 데 직접 관여하고 있었다.

정책

왜 이런 일이 일어날까. 일단 은행은 축산 기업과 관련한
영향력에 대한 정책이 없는 경우가 많다. 공장식 축산
기업에 가장 많은 자금을 지원한 뱅크오브아메리카가
대표적이다. 뱅크오브아메리카는 농업과 토지 이용 부문에서
탄소 배출량을 줄이기 위한 구체적인 목표가 없었다. 정책
대부분은 에너지와 전력, 자동차 제조 부문에만 집중돼
있었다. 20개의 투자사 중 메탄에 대한 언급이 있는 기업은 단
세 개뿐이었다. 축산 산업은 식량 안보라는 목적 아래 투자가
지속됐지만, 그 수혜는 거대 공장식 축산 기업의 몫이었다.

그렇게 조직적인 공장식 축산은 더욱 힘을 얻었다.

변화

소비자의 힘이 세진다고는 하지만, 안타깝게도 돈만큼
힘이 세지는 않다. 은행의 압박이 공장식 축산을 멈추는
데 효과적일 수 있는 이유다. 보고서는 은행이 큰 기업에
들이는 자금 지원부터 막는 것이 필요하다고 지적한다. JBS와
카길, 타이슨과 미네르바 등 온실가스 배출량이 가장 많은
기업을 우선으로 신규 자금 지원을 중단하는 식이다. 쉽지는
않겠지만 긍정적인 변화의 시작도 찾을 수 있다. PwC의
제27차 연례 글로벌 CEO 설문 조사에 따르면 금융 서비스
최고 경영자의 30퍼센트는 앞으로 기후 변화가 투자의 전략적
조정에 큰 영향을 미칠 것으로 예상했다. 투자의 방향을
살짝만 바꾸는 것도 도움이 된다. 대기업이 아닌 지역 사회의
동의를 기반으로 작동하는 중소 규모의 농장에 투자하는
식이다. 식량 안보를 지키면서 지역 사회 기반을 다질 수 있는
방법이다.

기업을 운영하는 데는 돈이 든다. 신선한 육류를 전 세계로
퍼트려야 하는 공장식 축산 기업은 더욱 그렇다. 현재의 금융
자본주의 시스템은 이 조직적인 육식을 쉽고 편하게, 또
고요하게 만들었다. 몇 가지 유리한 수치와 기준만 있다면,
돈으로 돈을 만드는 것이 가능하다면 공장식 축산 기업을
향한 투자는 언제나 '경제적인 선택'이 됐기 때문이다. 이렇게
조직적인 선택은 개인 한 명의 굳은 결심으로 바꾸기 어렵다.
보고서는 "많은 금융 기관이 인류와 우리의 생존을 위한
생태계의 장기적 안녕보다 단기적 이익을 우선시하는 거대한
구조적 유인"을 지적한다. 소비자는 이제 기업을 감시하는
걸 넘어 은행의 자금이 어떻게 우리의 식탁을 조종하는지에
주목할 필요가 있다. 지금의 값싸고 흔한 고기는 구조의
부산물이다. 경제적인 선택이라는 미명 아래 돈을 불렸던
기존 금융의 관행에 대한 문제 제기가 없다면 공장식 축산
역시 멈추지 않는다.

바이오 슈퍼스타, 오가노이드

신약 개발에 사용되는 나노 입자 단백질의 독성을 평가할
수 있는 오가노이드 배양법이 세계 최초로 개발되었다.
한국표준과학연구원 연구진들의 결실이다. 주로 동물 실험에
의존해 왔던 인체 독성 평가에 실용적인 대안이 제시된
것이다. 바이오 연구 분야에서 각광받고 있는 오가노이드의
가능성이 한 차원 더 넓어졌다. 신아람이 썼다.

신약 개발은 물론이고 화장품, 먹거리 등 사람이 흡수할
신제품 개발에는 항상 안전성 테스트가 따라붙는다.
지금까지는 동물이 주로 희생돼 왔다. 하지만 윤리적인 문제
제기가 이어지고, 동물 실험의 신뢰도에도 의문이 제기되면서
여러 대안이 개발되고 있다. 그중 주목 받는 것이 바로
오가노이드다. 쉽게 말하면 사람의 장기와 비슷하게 키운
세포 덩어리다. 그리고 이 세포 덩어리는 우리에게 질문을
던진다. 인간의 한계가 어디까지인지 말이다.

연구진이 암시야 현미경 장비를 이용해 돔형 세포외기질의 나노 물질
투과도를 관찰하고 있다. 사진: 한국표준과학연구원

미니어처 인간 장기

오가노이드를 아주 간단히 표현하면 인간 신체 장기의
미니어처다. 이름부터 '장기(organ)와 유사한(oid) 것'이란
뜻이다. 심장, 간, 소장은 물론 뇌까지 오가노이드로 만들 수
있다. 3D 프린터나 조직공학 기술을 통해 인공 오가노이드를
만들 수도 있고, 줄기세포를 배양해 만들 수도 있다. 다만,
인공 오가노이드는 실제 장기처럼 작동하기 어렵다.
줄기세포를 배양해서 만들어야 다양한 기능을 하는 세포들이
DNA의 설계도대로 얽혀 기능하는, 인간 장기에 가까운 세포
덩어리를 만들 수 있다.

콩알만 한 심장

크기는 현미경으로 봐야 하는 수준부터 콩알만 한
정도까지다. 작지만 실제 장기처럼 기능한다. 예를 들어
소장 오가노이드는 아무리 작아도 소화하고 흡수하는
소장의 기능을 한다. 심장 오가노이드는 심실과 심방으로
나누어진 최소한의 구조를 갖추고 펌프질한다. 더 크게 키워
진짜 장기처럼 만들 수 있을까. 아직은 불가능에 가깝다.

인간 장기는 혈관을 통해 구석구석 산소와 영양을 공급받아 자라나고 생존한다. 반면, 오가노이드는 외부 배양액에 영양을 의존한다. 일정 크기 이상으로 자라나면 내부까지 필요한 영양을 제대로 공급받기 어렵다. 하지만 연구를 거듭하며 방법을 더듬어 찾아나가는 중이다.

혁신의 단초

신기하긴 한데, 이걸 왜 만들까. 인간의 생로병사 원칙을 바닥부터 뒤집을 신기술 개발을 위해 만든다. 예를 들어 뇌염 치료제를 개발하고자 한다면, 뇌염에 걸린 뇌를 직접 연구해야 그 원인과 치료 방법을 명확히 규명할 수 있을 것이다. 그렇다고 뇌염 환자의 뇌를 꺼내 실험할 수는 없는 노릇이다. 지난 2019년, 방법을 찾았다. 미국 국립보건원 연구팀이 뇌 오가노이드에 '라크로스 뇌염 바이러스'를 감염시킨 후 뇌세포가 어떻게 반응하는지 연구했다. 대부분의 뇌세포는 죽었지만, 살아남은 뇌세포도 있었다. 살펴보니, 이들은 '인터페론'이라는 당단백질을 분비했다. 이것이 열쇠였다. 이제 라크로스 뇌염 바이러스로부터 뇌세포를 지킬 수 있게 된 것이다.

동물 실험 해방

그렇다면 오가노이드를 이용할 수 없던 때에는 어떤 방법을 썼을까? 동물 실험을 했다. 물론, 지금도 한다. 쥐를 뇌염에 감염시킨 후, 그 뇌를 사용해 연구하는 식이다. 신약 개발에도 동물 실험이 빠지지 않는다. 사람을 대상으로 한 임상 이전에 동물에게 적용해 치명적인 부작용이 없는지, 실제 질병에 치료 효과가 있는지를 실험한다. 하지만 동물 실험은 두 가지 결정적인 문제가 있다. 하나는 실험동물에 대한 비윤리적 처사와 그에 따른 비판이다. 다른 하나는 안전성이다. 동물에게 문제가 없었다고 해서 인간에게도 문제가 없으리라는 보장은 없다.

탈리도마이드 비극

대표적인 사례가 탈리도마이드 사태다. 수면제 성분으로, 임신부의 입덧 완화를 위해 1950년대 후반 널리 사용됐다. 제약회사는 동물을 대상으로 임상을 진행했지만, 부작용은 드러나지 않았다. 그러나 사람에게는 다르게 작용했다. 1960년대, 팔다리가 짧거나 아예 없는 아기 환자가 급증한다.

안전하다고 믿었던 탈리도마이드 때문이었다. 결국, 사람에게 적용해 봐야 신약의 위험성을 완전히 알 수 있다는 얘기다. 뒤집어 말하면 사람이 미지의 위험에 노출돼야만 안전한 신약 개발이 가능하다. 이걸 돌파할 방법이 오가노이드다. 사람은 아니지만, 사람의 장기처럼 작동한다. 윤리적인 문제로부터 자유롭고, 기술적인 완성도에 있어서도 유리하다. 그런데 오가노이드를 둘러싸고도 최근 논란이 불거지고 있다.

게임 배우는 뇌세포

인간의 야망이 커져서 그렇다. 뇌 오가노이드를 만들어 학습시키는 단계에까지 이른 것이다. 그리고 이 '미니어처 뇌'는 예상보다 똑똑하다. 지난 2023년 호주에서 개발된 '접시 뇌' 형태의 오가노이드는 단 5분 만에 '퐁 게임'을 익혔다. 당시 기술로 AI는 90분 걸려 익혀야 했던 게임이다. 미국 연구진은 뇌 오가노이드를 컴퓨터에 연결해 수학 방정식을 풀게 했다. 뇌세포를 기반으로 한 바이오 컴퓨터 개발을 위한 연구들이다.

최고의 CPU

뇌 오가노이드를 이용한 바이오 컴퓨터 개발이 이루어지는
까닭은 단순하다. 특정 분야에서는 AI보다 성능이 좋고,
슈퍼컴퓨터보다 에너지는 덜 먹는다. 추측이 아니라 실제로
미국의 슈퍼컴퓨터와 사람의 뇌를 비교해 본 결과가 그렇다.
뇌와 인공지능을 합치겠다는 야망도 그래서 나온다. 일론
머스크의 '뉴럴 링크' 얘기다. 이제 오가노이드는 무병장수의
꿈을 넘어 인류의 지능 확장의 꿈까지 달성할 도구가 되고
있다. 손상된 피부를 복원하거나, 암 치료제 개발에 이용하는
정도를 넘어 CPU처럼 사용할 뇌세포를 만드는 단계다.

IT MATTERS

놀랍긴 한데, 좀 머뭇거리게 된다. 지금은 그 기능이 매우
제한적이지만, 기술이 진보할수록 뇌 오가노이드는 인간의
뇌와 닮아갈 것이다. 만약 의식을 갖게 된다면, 생각을 하고
감정을 느끼게 된다면 대체 어쩌려고 이러나 싶은 생각이
든다. 더 나아가, 인간의 뇌보다 더 거대한 오가노이드가
개발된다면 초지성이 나타날 가능성도 완전히 배제할 수

없다. 현재의 AI는 전원을 뽑으면 일단 멈춘다. 그런데 뇌 오가노이드를 멈추려면 어떻게 해야 할까. 우리는 망설임 없이 뇌 오가노이드를 정지 혹은 파괴할 수 있을까.

연구자들도 이런 우려를 알고 있다. 지난 2022년, 바이오 컴퓨터 연구자들이 모여 '볼티모어 선언'을 발표했다. 오가노이드를 활용한 지능 구축에 있어 기술적 문제는 물론 윤리적 문제까지 해결하기 위해 과학 이외의 학문 분야와도 협력하겠다는 내용을 담았다. 다만, 과학 외의 분야에서도 그 선언에 적극적으로 참여할 준비가 돼 있는지는 의문이다. 우리가 이름도 생소한 오가노이드에 관해 알아야 할 이유가 여기 있다. 과학이 인문학을 이해해야 하는 만큼, 우리 사회도 과학을 이해해야 한다. 우리의 윤리적 고찰이 기술 발전에 따라잡히기 전에 말이다.

피처

단편 소설처럼 잘 읽히는 피처 라이팅을 소개한다. 기사 한
편이 단편 소설 분량이다. 깊이 있는 정보 습득이 가능하다.
내러티브가 풍성해 읽는 재미가 있다. 정치와 경제부터
패션과 테크까지 고유한 관점과 통찰을 전달한다.

굿바이 플라스틱

전 세계적으로 플라스틱 퇴출 운동이 거세다. 플라스틱
빨대와 비닐봉지 사용을 제한하고 재활용 캠페인을 진행한다.
이런 반플라스틱 열풍은 불과 2년 사이에 벌어진 현상이다.
플라스틱이 대중화된 지 70여 년 만이다. 지난 수십 년
동안 많은 과학자들이 플라스틱 쓰레기의 심각성을 경고해
왔지만, 대중은 플라스틱을 성가시기는 해도 위험한 물질로는
여기지 않았다. 우리가 별안간 플라스틱에 분노하는 이유는
무엇일까. 저자 스티븐 부라니(Stephen Buranyi)는 영국의
작가이며 면역학 분야의 전 연구원이다. 역자 최민우는
한국예술종합학교에서 서사 창작을 공부했고, 현재 소설을
쓰면서 번역을 한다. 단편집과 장편 소설을 발표했으며, 여러
종의 소설과 에세이를 번역했다.

플라스틱에 대한 전 세계적인 반란

플라스틱은 어디에나 있다. 그리고 우리는 갑자기 플라스틱을 아주 나쁜 것이라고 생각하기 시작했다. 최근까지만 해도 플라스틱은 온갖 곳에서 익명성을 만끽했다. 우리는 너무 많은 플라스틱에 둘러싸여 있는 나머지 플라스틱을 거의 의식하지 못했다. 자동차와 비행기 부피의 절반이 플라스틱이라는 사실을 알면 놀랄 것이다. 점점 더 많은 의류가 면이나 모직이 아니라 폴리에스테르와 나일론으로 제조되는데, 둘 다 플라스틱이다. 영국에서 매년 생산되는 600억 개의 티백 대부분을 봉인할 때 사용하는 소량의 접착제 또한 플라스틱이다.

플라스틱이 사용된 것을 확실히 알 수 있는 영역인 장난감, 집안 장식품, 포장재 등을 더하면 플라스틱 제국의 지배 범위가 명확해진다. 플라스틱은 현대적 삶에서 다채롭지만 진부한 배경을 이루는 물질이다. 매해 전 세계에서 3억 4000만 톤의 플라스틱 제품이 생산된다. 뉴욕시의 고층 건물 전체를 채우고도 남는 양이다. 인류는 수십 년간 헤아릴 수 없이 많은 플라스틱을 생산해 왔다. 그 양은 1990년대 초반에 처음으로 1억 톤을 넘어섰다. 하지만 사람들은 어떤 이유에서인지 최근에서야 이 문제에 관심을 기울이기 시작했다.

그 결과 플라스틱에 대한 세계적인 반감이 일어났는데, 이 반감은 국경은 물론이고 오래된 정치적 대립도 뛰어넘는다. 2016년 영국 전역에서 미세 플라스틱 사용을 금지하자며 그린피스가 올린 청원에 불과 넉 달 동안 36만 5000명이 서명했다. 정부에 제출된 환경 관련 청원 중 가장 큰 규모였다. 미국에서 한국에 이르기까지, 플라스틱 사용에 항의하는 단체들이 그들 말에 따르면 쓸데없이 무절제하게 사용되고 있는 플라스틱 포장재들을 슈퍼마켓 앞에 쌓아 놓았다. 2018년 초에는 성난 소비자들이 감자칩 봉지가 재활용이 되지 않는다는 사실에 항의하는 뜻으로 엄청난 수의 감자칩 포장지를 제조사에 반송하는 바람에 우편 업무가 마비되기도 했다. 찰스 왕세자가 플라스틱의 위험성에 대해 연설했고, 배우 킴 카다시안(Kim Kardashian)은 인스타그램에 '플라스틱 위기'에 대한 게시물을 올리면서 플라스틱 빨대를 사용하지 말자고 촉구했다.

정부 최고위층이 플라스틱 공포에 취한 조치는 자연재해 내지는 공중 보건 위기에 대한 발 빠른 대응과 유사하다. 유엔은 일회용 플라스틱과의 '전쟁'을 선포했다. 영국에서는 테레사 메이(Theresa May) 총리가 일회용 플라스틱을 '재앙'이라 일컬으면서 2042년까지 일회용 포장을 단계적으로 폐지하는 25년짜리 정책을 발표했다. 인도는 같은 조치를 2022년까지 취하겠다고 선언했다.

환경 보호 단체 '지구의 벗(Friends of the Earth)'의 활동가 줄리안 커비(Julian Kirby)는 "거의 20년 가까이 활동을 했지만 이런 경우는 처음 본다"고 말했다. 지구의 벗은 2016년에야 겨우 플라스틱 문제를 다루는 프로그램에 착수했다. 그린피스도 2015년까지 플라스틱 전담팀을 꾸리지 않았다. 플라스틱을 취재한 기사를 실은 최초의 신문 중 하나인 《데일리 메일(Daily Mail)》의 한 기자는 다른 어떤 환경 문제보다 플라스틱에 대한 메일을 더 많이 받았다고 말했다. "기후 변화 메일을 매번 능가한다니까요."

그러던 중 다큐멘터리 〈블루 플래닛(Blue Planet) 2〉가 등장한다. 2017년 12월에 방송된 마지막 화에서는 플라스틱이 해양 생물에 끼친 영향을 6분 동안 집중적으로 보여 줬다. 희망을 잃은 채 플라스틱 그물에 엉켜 있는 거북이, 배 속에 가득 찬 플라스틱 조각 때문에 죽은 앨버트로스 같은 것들을 말이다. "그 장면이 시리즈 전체에서 가장 큰 반향을 불러일으켰습니다." BBC의 방송 책임자 톰 맥도널드가 말했다. "사람들은 마지막 화에 대해 말만 하고 끝내길 원치 않았어요. 사실 보통은 거기서 끝인데 말이죠. 시청자들은 문제를 해결하려면 어떻게 해야 하느냐고 물어 왔어요." 그 뒤 며칠 동안 정치인들은 방송을 보고 행동해야겠다고 느낀 유권자들이 보낸 숱한 전화와 이메일을 받았다. 사람들은 여론이 플라스틱에 등을 돌린 결정적인 이유를 설명할 때 〈블루 플래닛 2〉 효과'를 언급하기 시작했다.

이 모든 일로 인해, 30년 전 산성비와 프레온 가스에 맞서 성공적인 투쟁을 벌였던 이후 처음으로 그동안 볼 수 없었던 종류의 환경적인 승리가 목전에 있는지도 모른다는 분위기가 생겨났다. 거대한 대중의 분노는 우리의 집단생활에서 단 하나의 물질을 제거하도록 권력자들을 압박하고 있다. 이미 확언한 대형 공약들로 미루어 보건대 전망은 밝아 보인다.

그러나 플라스틱을 제거한다는 것은 플라스틱 포장재를 쓰지 않는 제품을 진열한 구역이 슈퍼마켓에 생기고 펍에서 퍼석거리는 종이 빨대를 쓴다는 것 이상을 의미한다.

플라스틱이 어디에나 사용되는 까닭은 그것이 대체한 천연 물질보다 품질이 좋아서가 아니라 가볍고 저렴하기 때문이다. 사실 정말로 저렴한 덕에 버릴 때도 정당화하기가 쉬웠다. 소비자 입장에서는 편했고, 기업들은 고객이 청량음료나

샌드위치를 살 때마다 새 플라스틱 포장 용기도 같이 파는
셈이었으니 행복했다. 강철이 건축의 지평을 넓힌 것과
똑같은 방식으로, 플라스틱은 이제는 우리가 당연하게
여기는 저렴한 일회용 문화를 가능하게 해줬다. 플라스틱을
받아들인다는 것은 어느 정도는 소비주의 자체를 수용하는
것이다. 이제 한 인간의 생애 정도의 시간 동안 우리 삶의
방식이 지구를 얼마나 급진적으로 재편해 왔는지 깨닫고, 그
변화가 너무 과한 건 아닌지 물어볼 필요가 있는 것이다.

성가시긴 해도 위협은 아니었던 플라스틱

반(反)플라스틱 운동의 가장 놀라운 점은 엄청나게 빠른
속도로 성장했다는 사실이다. 심지어 2015년의 세상으로
돌아가 봐도, 사람들은 플라스틱에 대해 딱히 분노하지
않았다. 우리가 현재 플라스틱에 대해 알고 있는 지식이
당시에도 대부분 알려져 있었는데도 말이다. 3년 전만 해도
플라스틱은 기후 변화, 멸종 위기종, 아니면 항생제 내성 등
여러 문제 중 하나에 불과했다. 다들 플라스틱이 나쁘다는
데는 동의했지만 그 문제를 심각하게 여기는 사람은
드물었다.

과학자들의 노력이 부족해서는 아니었다. 플라스틱을 반대하는 주장은 거의 30년간 차곡차곡 쌓여 왔다. 1990년대 초 연구자들은 해양 쓰레기의 60~80퍼센트가 미생물이 분해할 수 없는 플라스틱이며, 해변과 항구에 밀려들어 오는 플라스틱의 양이 증가하고 있다는 사실을 발견했다. 그러던 중 플라스틱이 해류 사이의 무풍 수역에 퇴적되면서 해양학자 커티스 에비스메이어(Curtis Ebbesmeyer)가 '거대한 쓰레기 지역'이라 부르는 영역이 형성되고 있다는 사실이 밝혀졌다. 이 쓰레기 지역 중 가장 큰 곳은 — 에비스메이어는 이런 곳이 총 여덟 군데라고 추산한다 — 프랑스 면적의 세 배에 달하며 7만 9000톤의 쓰레기가 모여 있다.

2004년 플리머스 대학의 해양학자 리처드 톰슨(Richard Thompson)이 커다란 플라스틱이 부서지면서 생성되거나 상품에 사용하기 위해 의도적으로 제조된 수억 개의 조그만 플라스틱 조각을 일컫기 위해 '미세 플라스틱(microplastic)'이라는 신조어를 만들어 내면서 문제의 심각성은 훨씬 더 분명해졌다. 전 세계의 연구자들은 이 미세 플라스틱이 아주 작은 크릴새우부터 참치처럼 커다란 생선에 이르기까지 유기체의 내장 기관에 어떻게 침투하는지 분석하기 시작했다. 2015년 조지아 대학의 환경공학자

제나 잼벡(Jenna Jambeck)이 이끄는 연구팀은 매년 480~1270만 톤의 플라스틱이 바다로 흘러들어 가고 있으며, 2025년경에는 그 규모가 두 배에 달하리라 추산했다. 플라스틱 문제는 믿을 수 없을 만큼 심각했고 점점 더 심각해졌지만, 사람들이 관심을 끌기는 어려웠다. 가끔씩 플라스틱에 대한 놀라운 기사가 매체에 실려 대중의 흥미를 일으켰지만 ─ 쓰레기 지역 얘기는 매체의 단골 기삿감이었고, 넘쳐나는 쓰레기 처리장이나 엄청난 양의 쓰레기를 배에 실어 외국으로 보낸다는 내용의 기사가 종종 새로운 두려움을 야기했다 ─ 반응이 요즘 같지는 않았다. 캘리포니아 대학의 영향력 있는 산업 생태학자 롤랜드 가이어(Roland Geyer)가 2006년과 2016년 사이의 변화에 대해 증언한 바에 따르면, 10년 전에는 플라스틱에 관해 열 건도 안 되는 인터뷰를 했는데 최근 2년 동안에는 인터뷰 요청이 200건 이상 들어왔다고 한다.

이런 변화가 정확히 왜 일어났는지는 커다란 논쟁거리다. 가장 그럴싸한 대답이자 내가 이야기를 나눠 본 과학자와 환경 운동가들의 잠정적인 이론은 플라스틱과 관련한 과학이 임계치에 도달했다거나 우리 머릿속이 우리가 만든 쓰레기(설령 그것이 중요한 것이라 해도)에 질식하는 사랑스러운 바다 생물의 이미지로 들어차게 돼서가 아니다. 우리가 플라스틱을 생각하는 방식이 근본적으로 바뀌었다는 것이다. 우리는 플라스틱을 잡동사니 정도로 간주하곤 했다. 성가신 것이긴 해도 위협은 아니었다. 하지만 플라스틱이 많은 사람이 상상했던 것보다 훨씬 더 만연해 있고 훨씬 더 사악한 존재라는 인식이 최근 전 세계적으로 퍼지면서 생각은 달라졌다.

사고의 전환은 마이크로비드(microbead), 즉 1990년대 중반에 제조사들이 화장품과 세제에 거칠거칠한 가루를 추가하고자 쏟아부은 조그만 연마용 플라스틱 알갱이에 대한 대중의 반감과 더불어 시작되었다[거의 대부분의 플라스틱 제품에는 그보다 먼저 사용된, 미생물로 분해할 수 있는 천연 재료가 있다. 플라스틱 마이크로비드는 잘게 빻은 낟알이나 부석(浮石)을 대체한 재료다]. 2010년 과학자들은 해양 생물에 가해질 잠재적 위협에 경종을 울리기 시작했고, 사람들은 마이크로비드가 존슨앤드존슨의 여드름 제거용 페이스 스크럽에서부터 바디샵처럼 친환경인 줄 알았던 브랜드에 이르기까지 수천 종의 제품에 들어 있다는 사실을 알고 충격을 받았다.

영국 그린피스의 플라스틱 캠페인 부서장인 윌 맥컬럼(Will

미국 버클리의 재활용 센터. 사진: jar

McCallum)에 따르면 대중이 플라스틱에 대해 등을
돌린 결정적인 계기는 마이크로비드가 수백만 개의
욕실 배수관으로 흘러들어 가고 있다는 깨달음이었다.
"마이크로비드는 디자인 때문에 내린 결정이었는데, 실은
디자인 결함이었던 거죠. 사람들이 묻게 되었거든요. '어쩌다
이런 일이 일어난 거지?'라고요." 2015년 미국 의회는
마이크로비드가 함유된 화장품에 대한 제한적 금지 조치를
검토했고, 양당의 고른 지지 속에 통과되었다. "대중의
인식에서 그 이슈는 거의 모르는 것이나 다름없었다가
광범위한 충격으로까지 번지게 되었죠." 영국 하원의원
메리 크레이(Mary Creagh)의 말이다. 그녀가 위원장이었던

환경 청문회는 2016년에 마이크로비드를 조사했고, 결국 그 제품의 생산과 판매에 대한 포괄적 금지를 이끌어 냈다.

마이크로비드는 단지 시작에 불과했다. 대중은 이내 나일론과 폴리에스테르 같은 합성 섬유를 세탁기에 한 번 돌릴 때마다 수많은 미세 섬유가 떨어져 나온다는 사실을 알게 되었다. 과학자들이 이 섬유들이 물고기의 내장에 어떤 경로로 들어가는지 보여 주고 난 후, 신문에서는 '요가 바지가 지구를 파괴한다' 같은 제목의 기사를 실었고, 파타고니아처럼 환경 문제에 민감한 브랜드는 재빨리 해결책을 강구했다(2017년부터 파타고니아는 '구피프렌드'라는 세탁망을 판매하기 시작했는데, 옷에서 떨어져 나오는 플라스틱 중 '일부'를 잡아낸다고 한다). 그다음에는 구성 성분 중 60퍼센트가 플라스틱인 타이어 차례였다. 타이어가 움직이는 동안 미세 섬유가 떨어져 나온다는 사실이 밝혀졌는데, 아마도 그 양이 마이크로비드와 합성 섬유 의복을 합친 것보다 많을 것이다.

매일 사용하는 물건들이 전염의 원천처럼 보이기 시작했고, 개인이 할 수 있는 일은 거의 없었다. 학부모 사이트인 '맘스넷(Mumsnet)'의 게시판에는 마이크로비드를 함유하지 않은 대안 화장품에 대한 게시물이 수없이 올라오지만 플라스틱을 사용하지 않은 타이어에 대한 글은 아직까지 없다. 이 문제를 의회에서 제기한 영국의 하원의원 안나 맥머린(Anna McMorrin)은 자기 선거구 유권자들이 분통을 터뜨렸다고 말했다. "그분들이 저한테 말하는 거죠. '내가 사는 물건을 꼼꼼히 살펴보고, 재활용도 하는데, 그래도 플라스틱이 사방에 있으면 대체 어쩌라는 겁니까?'"

전 그린피스 국장이자 환경에 관한 영향력 있는 블로그를 운영하는 크리스 로즈(Chris Rose)에 따르면, 과학자들은 오랫동안 플라스틱이 위험한 오염 물질이라고 생각해 왔지만 대중의 생각이 바뀐 건 최근이다. 대부분의 사람들에게 플라스틱은 알기 쉬운 물건으로 보였다. 구입한 다음 버린 물건에 지나지 않았다. 볼 수 있고 만질 수 있고, 어떤 면에서는 통제하에 있는 것처럼 느껴졌다. 심지어 사람들은 플라스틱 문제에 아무 조치를 취하지 않고 있었는데도 자기들이 정말 원하기만 한다면 얼마든 제거할 수 있다고 생각했다. 가능한 한 가장 직접적인 방법으로, 그러니까 플라스틱을 집어 들어 쓰레기통에 버림으로써 말이다. 하지만 플라스틱은 더 이상 이렇게 보이지 않는다. 플라스틱은 여전히 주변에 있지만 — 가정용품, 커피컵, 티백, 의류 — 우리 능력으로는 통제할 수 없는 듯하다.

플라스틱은 우리의 손가락 사이와 정수기 필터를 빠져나가, 사악한 공장에서 나오는 오폐수처럼 강과 바다로 흘러간다. 플라스틱은 더 이상 길가에 버려진 빅맥 포장지처럼 구체적인 물질이 아니다. 이제 플라스틱은 헤어스프레이 용기에 깨알같이 적혀서 예전에는 눈에 띄지 않았던, 물고기에게 돌연변이를 일으키거나 오존층에 구멍을 뚫을 준비가 되어 있는 화학 물질에 가까워 보인다.

개인의 삶에 스며든 플라스틱

과학자나 환경 운동가들은 대중이 플라스틱에 등을 돌리리라고는 예상하지 못했다. 그들 대부분은 자기들의 경고가 주목받지 못하는 데 익숙하니까. 사실 일부 과학자들은 플라스틱에 대한 반감의 규모에 다소 당혹스러워하고 있는 듯하다. "매일 이 문제로 머리를 긁적입니다." 임페리얼 대학의 해양학자 에릭 반 세빌(Erik van Sebille)의 말이다. "어떻게 플라스틱이 공적 1호가 된 거죠? 기후 변화가 그래야 하는데." 내가 대화를 나눠 본 다른 과학자들은 플라스틱 오염을 수많은 환경 문제 중 하나로 여겼지만, 더 위급한 문제들로 대중의 관심을 돌리고자 했다.

하지만 막연하고 거대하며 묵시록적으로 보이는 기후 변화와 달리, 플라스틱은 작고 실체적이며 바로 지금 개인의 삶에 스며들어 있다. "대중은 이게 저것보다 몇 배 더 나쁘다, 같은 식으로 섬세하게 계산하지 않습니다." 지구의 벗에서 국장을 지낸 톰 버크(Tom Burke)의 말이다. "계기가 생기면 사람들은 어떤 이슈에 대해 다른 사람들도 자기와 같은 심정이라는 사실을 깨닫습니다. 그럼 추진력이 생기죠. 사람들은 그저 문제를 바로잡길 원할 뿐입니다." 뱅거 대학의 환경학 강사이자 자기 고향 체스터를 영국에서 가장 격렬한 반플라스틱 도시로 바꾸고자 지난 1년을 보냈던 달변가 크리스티안 던(Christian Dunn)의 말을 인용하면, "그게 우리가 잘할 수 있는 일인 거죠."

던과 함께 공동 간사로 활동하는 지구의 벗 지부장으로 오랫동안 환경 운동을 해온 사람 특유의 꾸준한 긍정성과 겸손한 태도를 지닌 헬렌 탠디(Helen Tandy)와 같이 걷다 보면 플라스틱에 맞서는 싸움이 가진 매력이 분명해 보인다. 반란군의 정치 운동에 참여했다는 느낌이 드는 것이다. 코스타 커피에서 번화가 식료품점에 이르기까지, 가게들 창문에 운동을 지지하는 표시가 나붙어 있다. 젊은 바텐더가 내게 말했다. "체스터에 있는 아무 펍에나 가서 플라스틱 빨대를 달라고 해보세요. 그럼 이렇게 말할 겁니다. '안 됩니다. 그거 때문에 고래가 죽거든요.'" 딜런이라는 건설업자는 고객들에게 플라스틱 포장을 사용하지 않은 부품들을 추천하기 시작했다고 했다. B&Q(영국의 DIY 매장)에 가보면 넘쳐난다고도 했다.

미드웨이 환초에서 발견된, 배 속에 플라스틱 잡동사니가 꽉 차 있는 검은발 앨버트로스의 새끼. 사진: Chris Jordan

체스터 동물원의 시설 관리자는 카페에서 일회용 플라스틱 포장을 없애는 중이고 선물 가게도 감사 중이라고 밝혔다. 동물원은 이 지역의 가장 큰 명소라 캠페인에 큰 도움이 된다. "먹이 자루는요? 동물에 사용되는 다른 물품은 어떨까요?" 던이 물었다. (매니저는 알아보겠다고 했다.) 동물원을

나가는데 초등학생들이 보라색 마일러(폴리에스테르
제품 상표) 풍선을 들고 코끼리 우리 쪽으로 걸어갔다.
"저게 어디서 났을까요?" 탠디가 궁금해했다. "다음에 한번
물어봐야겠어요."

이런 식의 끈질기고 현실적인 풀뿌리 운동이 지난 2년간
번성했다. 그 결과 우리는 온갖 브랜드와 조직과 정치인들이
뭔가를 하는 모습을 목도하는 단계에 이르렀다. 심지어 지난
몇 주간 소방 호스에서 뿜어져 나오는 물처럼 쏟아지는 언론
보도만 살펴봐도, 토트넘 홋스퍼는 새 경기장에서 일회용
플라스틱을 단계적으로 없앨 계획이며, 시애틀은 시 경계
내에서 플라스틱 빨대 사용을 금지했다. 가장 유명한 커피
체인인 스타벅스는 전 세계 2만 8000개의 매장에서 연간 1억
개씩 사용되는 것으로 추산되는 플라스틱 빨대를 없애겠다고
약속했고, 비(非)플라스틱 제품을 절대 만들지 않는 레고는
생산 공정에 집어넣을 수 있는 식물 기반의 플라스틱을
알아보고 있다.

이 모든 상황에는 약간의 광적인 열광이 서려 있다.
브리스톨에 본부가 있는 캠페인 단체 '도시에서
바다까지(City to Sea)'를 설립한 활동가 나탈리 피(Natalie
Fee)는 2017년 BBC에 출연해서 플라스틱에 대해 이야기한

뒤 마치 자기 계발 강사처럼 은행이나 기업 중역실에서 자신이 하는 일에 대해 강연해 달라는 요청을 수없이 받았다고 한다. 기회주의가 출몰하는 분위기도 뚜렷이 감지된다. 환경식품농무부의 전직 고위 간부에 따르면 플라스틱 문제에 대한 최근의 집중적 관심은 브렉시트 국민 투표 후의 공백을 메울 수 있는 대중적이며 초당적인 정책을 만들기 위한 내각의 발 빠른 행동이라는 공감대가 부처 내부에 퍼졌다는 것이다. "마이클 고브(Michael Gove) 장관은 우리 부서가 자기 일을 스스로 할 수 있다는 점을, 또한 본인이 환경장관으로서 뭔가 좋은 일을 하고 있다는 점을 보여 주고 싶어 했어요. 결과적으로 이 두 가지 목표가 플라스틱과 아주 잘 맞아떨어졌던 겁니다." 환경식품농무부 간부의 말이다.

정치인들의 동기가 어떻든 간에, 플라스틱에 대한 대중의 반감이 심각한 환경 문제에 대한 정부와 기업 최고위층의 높은 관심을 이끌어 냈고, 그들이 이 문제가 우세한 이슈라는 것을 납득했다는 사실에는 의심의 여지가 없다. 플라스틱에 대한 대책 중 아주 일부만이 법으로 명문화됐지만 — 미국과 영국의 마이크로비드 금지에는 예외 조항이 있다 — 감정은 엄청난 잠재력을 지닌 것이다.

폐기 중심의 소비문화로 이동하게 한 기폭제

비록 플라스틱이 우리 생활의 도처에서 모습을 드러내고 있지만, 대부분의 사람들은 계속해서 플라스틱이란 무엇이고, 누가 제조하며, 어디서 오는지에 대해 말하고자 애쓸 것이다. 이건 이해할 수 있는 일이다. 플라스틱은 대중의 눈에서 멀리 떨어진 채 제조되는 전 지구적 산업 제품이기 때문이다. 플라스틱의 원재료는 화석 연료이고, 석유와 가스를 생산하는 거대 기업 중 상당수는 같은 시설에서 플라스틱을 생산한다. 플라스틱에 대한 이야기는 화석 연료 산업의 이야기이기도 하고, 2차 세계대전 후 이어진 소비문화 속에서 석유로 인해 불붙은 호황에 대한 이야기이기도 하다.

플라스틱은 탄소 함량이 풍부한 화학적 혼합물을 단일한 구조의 물질로 변형시키는 방법으로 제조하는 제품을 모두 아우르는 용어다. 19세기에 화학자와 발명가들은 이미 빗과 같은 가정용품을 부서지기 쉬운 초기 형태의 플라스틱으로 제조하고 있었다. 초기 형태의 플라스틱은 처음에는 '파크신(Parkesine)'이라 불리다가 나중에는 그것의 재료가 되는 식물 셀룰로오스에서 이름을 따 셀룰로이드라는 이름으로 바뀌었다. 그러나 현대의 플라스틱은 1907년

미국에서 '베이클라이트(Bakelite)'가 발명되면서
시작되었다. 베이클라이트는 원유 또는 석탄을 석유로 바꾸는
과정에서 남게 되는 화학 물질인 페놀을 시작점으로 사용한
완전 합성 물질로서, 단단하고 반짝이며 밝은 색깔을 띤다.
다시 말해 오늘날의 우리에게도 플라스틱으로 인식될 수
있는 물질이다. 베이클라이트를 발명한 사람들은 그것을 전선
절연체로 사용할 생각이었지만, 이내 그 물질의 거의 무한한
잠재력을 깨닫고는 '수천 가지 용도로 쓸 수 있는 재료'라고
광고를 했다. 훗날 이 광고는 상당한 과소평가였음이
드러난다.

이후 수십 년 동안 온갖 종류의 플라스틱이 개발되었고,
대중은 무한한 변형이 가능한 이 놀라운 과학적 창조물에
매혹되었다. 하지만 플라스틱을 진정으로 필요 불가결한
존재로 만든 것은 제2차 세계대전이었다. 천연 소재가
부족해지고 전쟁 수행을 위해 막대한 물량이 요구되면서,
거의 무엇이든 될 수 있는 플라스틱의 잠재력은 —
선구적인 플라스틱 화학자 빅터 야슬리(Victor Yarsley)가
1941년에 말했듯 '석탄, 물, 공기'만 있으면 됐다 — 국가
군사 조직에 필수적인 것이 되었다. 과학 기술 잡지
《파퓰러 머캐닉스(Popular Mechanics)》의 1943년 기사는

플라스틱으로 만든 군모 차양, 조준기, 박격포 포탄 기폭
장치, 항공기 조종실을 묘사하고 있다. 기사에 따르면 군대는
심지어 플라스틱 나팔까지 사용하기 시작했다.

미국의 플라스틱 생산량은 1939년에서 1945년 사이
9만 7000톤에서 37만 1000톤으로 세 배 이상 뛰었다.
전쟁 후 화학과 석유 산업 분야의 거대 기업들은 시장을
합쳤다. 듀폰(DuPont), 몬산토(Monsanto), 모빌(Mobil),
엑손(Exxon)은 플라스틱 생산 설비를 구입하거나 개발했다.
이로 인해 물류적인 의미가 생겨났다. 이 회사들은 이미
플라스틱을 생산하는 데 쓸 원재료를 기존의 정유 과정에서
나온 부산물인 페놀과 나프타라는 형태로 공급하고 있었기
때문이다. 1940년에 다우(Dow) 케미컬에서 스티로폼을
발명하고 모빌이 포장용 플라스틱 필름에 대한 다수의 특허를
보유하게 되는 등 새로운 플라스틱 제품을 개발함으로써,
이 회사들은 자기네 원유와 가스를 활용할 수 있는 새로운
시장을 효율적으로 개척해 나갔다. 1988년 오스트레일리아의
국립 과학국 소속 연구자는 다음과 같이 썼다. "석유 화학
산업의 발전은 아마도 플라스틱 산업의 성장에 가장 크게
기여한 단일 요인일 것이다."

전후 수십 년간 경제 규모가 급속히 성장하면서 플라스틱은

거침없는 상승세를 타기 시작했고, 소비재 제품 재료로서 면, 유리, 마분지를 대체하게 될 것이었다. 얇은 플라스틱 포장지는 1950년대 초에 도입되면서 상품과 드라이클리닝 제품을 보호하던 종이와 천의 자리를 차지했다. 1950년대 말엽에 듀폰은 1억 장 이상의 플라스틱 시트가 소매상에 팔렸다고 발표했다. 그와 동시에 플라스틱은 라텍스 도료와 폴리스티렌 단열재의 형태로 수백만의 가정에 발을 들였는데, 이것들은 톡 쏘는 냄새가 나는 유성 페인트와 값비싼 암면이나 목재 섬유 패널에 비해 엄청나게 향상된 제품들이었다. 이내 플라스틱은 사방으로 퍼져 나갔고, 심지어 우주까지 진출했다. 1969년 닐 암스트롱(Neil Armstrong)이 달 표면에 꽂은 미국 국기는 나일론으로 만든 것이었다. 이듬해 코카콜라와 펩시는 자신들이 쓰던 유리병을 몬산토 화학과 스탠더드 오일(Standard Oil)이 제조한 플라스틱병으로 대체하기 시작했다. 1972년 철학자 롤랑 바르트(Roland Barthes)는 다음과 같이 썼다. "물질의 위계질서는 폐기되었다. 단 하나의 물질이 모든 물질을 대체한다."

하지만 플라스틱은 단순히 기존 재료를 대체하는 것 이상의 일을 해냈다. 그렇지 않았다면 세계는 변하지 않은 채 머물러 있었을 것이다. 훨씬 유연한 동시에 다루기 쉽고, 대체된 물질보다 엄청나게 저렴하고 가볍다는 플라스틱만의 독특한 특성은 세계 경제가 폐기 중심의 소비문화로 이동하는 기폭제가 되었다. 1955년 경제학자 빅터 리보(Victor Lebow)는 이렇게 썼다. "엄청나게 생산적인 우리 경제는 소비가 우리 삶의 방식이 되기를 요구한다. 우리는 증가 일로의 생산 속도에 맞춰 물건들을 소비하고, 소각하고, 닳도록 써버리고, 바꾸고, 버려야 한다."

1969년 버즈 올드린이 달 표면에 꽂은 나일론 미국 국기와 같이 서 있다.
사진: Project Apollo Archive

플라스틱은 이런 급격한 변화를 야기하는 완벽한 촉매가 되었다. 가격이 싸고 버리기도 쉽다는 이유만으로 말이다.

빅터 리보의 글이 나오기 1년 전인 1954년, 무역 잡지
《모던 플라스틱스(Modern Plastics)》의 편집자인 로이드
스토퍼(Lloyd Stouffer)는 산업 콘퍼런스에서 "플라스틱의
미래는 쓰레기통에 있다"고 발언했다가 언론에서 조롱을
당했다. 1963년 그는 같은 콘퍼런스에서 다음 연설로 완전히
누명을 벗었다. "여러분은 쓰레기통, 쓰레기 하치장, 쓰레기
소각로에 말 그대로 수억 개의 플라스틱병, 플라스틱 주전자,
플라스틱 튜브, 블리스터와 스킨 팩, 비닐봉지와 필름과
포장지를 꽉꽉 채우고 있습니다." 그가 의기양양하게 외쳤다.
"누구도 더 이상 플라스틱 포장이 버리기에는 너무 아깝다고
생각하지 않는 행복한 날이 오고야 만 것입니다."
플라스틱은 이익을 뜻했다. 공학 기술 연구 기업인
미드웨스트(Midwest) 연구소의 한 연구원은 1969년에
다음과 같이 썼다. "일회용 용기 시장의 발전 이면에 존재하는
강력한 동력은 반환 가능한 병 하나를 시장에서 축출할
때마다 반환할 수 없는 병 20개를 팔 수 있다는 사실이다."
1965년 무역 단체인 플라스틱 산업 협회는 플라스틱이 13년
연속으로 성장 기록을 경신했다고 보고했다.
하지만 플라스틱은 쓰레기를 뜻하기도 했다. 1950년 이전,
미국에서 유리병처럼 재사용이 가능한 용기는 96퍼센트에

달하는 반환율을 보였다. 1970년대에 이르면 모든 종류의
용기를 반환하는 비율이 5퍼센트 아래로 떨어졌다. 한 번 쓰고
만다는 것은 이전에는 상상할 수도 없었던 많은 물건들이
매립지에 버려지고 있다는 뜻이었다. 증가하는 쓰레기 문제를
논의하기 위해 1969년에 열린 미 환경 보호국 회의에서
백악관 과학 자문인 롤프 엘리아센(Rolf Eliassen)은 "이
파괴할 수 없는 물건들을 수집하고 처리하고 처분하는 데
드는 사회적 비용이 막대하다"고 주장했다.

이후에 등장한 것은 일회용 문화에 대한 전반적인 반감,
특히 플라스틱에 대한 반감이었지만, 우리가 요즘 보고 있는
그런 종류는 아니었다. 1969년《뉴욕타임스》는 "쓰레기와
쓰레기 처리 문제라는 산사태가 국가의 주요 도시 주변에
계속 쌓이고 있는데, 이는 현재 진행되는 대기와 수자원
위기와 같이 놓고 볼 수 있을 만큼 임박한 위급 상황이다"라고
보도하면서 쓰레기 문제를 당대의 주요 환경 문제와 같은
수준으로 끌어올렸다. 1970년 첫 번째 '지구의 날' 축하
행사가 이뤄지기 두 달 전, 닉슨 대통령은 "새로운 포장 방법은
분해되지 않는 재료를 사용하고 있다"고 개탄하면서 "요즘
우리는 한 세대 전에는 아껴 쓰던 것들을 자주 버린다"며
불편한 심기를 내비쳤다. 뉴욕시는 1971년 플라스틱병에

세금을 도입했고, 의회는 1973년에 반환이 불가능한 포장
용기에 대한 전면 금지 조치를 가지고 논쟁을 벌였다.
하와이주는 1977년에 플라스틱병 사용을 완전히 금지했다.
당시에도 플라스틱에 대한 전투가 벌어지기 시작했고, 이길
수 있을 것 같았다.

재활용할 때마다 품질이 뚝뚝

업계는 제의된 법률에 대해 시작부터 강공을 펼쳤다.
플라스틱병에 세금을 매기려던 뉴욕시의 정책은 세금이
부과된 해에 주 대법원에 의해 폐기되었고, 뒤이어 플라스틱
산업 협회가 부당한 대우를 주장하며 소송을 걸었다.
하와이의 플라스틱병 금지는 음료 회사가 비슷한 소송을 걸고
난 뒤인 1979년 주 순회 법원에 의해 폐기되었다. 의회에서
논의된 금지안은 로비스트들이 그 조치가 제조업 일자리에
타격을 줄 것이라고 주장하자 불발에 그치고 말았다.
이런 법률적 위협을 물리치고 난 뒤, 석유와 화학 기업은
음료와 포장재 제조업체와 느슨한 동맹을 맺고서 반플라스틱
정서를 성공적으로 완화할 수 있는 2단계 전략을 한
세대에 걸쳐 추진했다. 이 전략의 첫 번째 단계는 쓰레기와

폐기물에 대한 책임을 기업에서 소비자로 옮기는 것이었다. 일회용 포장 사용을 조장하고 그 과정에서 수백만 달러를 번 기업들을 비난하는 대신에, 바로 그 기업들이 무책임한 개인이야말로 진짜 문제라고 주장했던 것이다. 이런 주장의 완벽한 예시는 미국 포장업계 잡지가 1965년 '총이 사람들을 죽이는 건 아니다'라는 제목을 달고 실은 권두언에서 찾을 수 있다. 그 글은 제조업자들이 아니라 '쓰레기를 함부로 버리면서 우리 고장을 괴롭히는 사람들'을 비난했다. 플라스틱과 기타 일회용 포장재 관련 기업들은 이 메시지를 퍼뜨리기 위해 쓰레기에 대한 소비자의 책임을 강조하는 비영리 단체에 기금을 투자했다. 그런 단체 중 한 곳인 '미국을 아름답게 유지합시다(Keep America Beautiful·KAB)'는 1953년에 설립되었다. 이 단체에 기금을 낸 회사들로는 코카콜라, 펩시, 다우 케미컬, 모빌 등이 있었고, KAB는 이런 기조에 따라 수백 건의 광고를 내보냈다. 1971년 지구의 날에 내보낸 캠페인 광고는 "사람들이 공해를 유발합니다. 사람들이 그걸 멈출 수 있습니다"였다. KAB는 또한 지역 시민 단체와 사회단체를 동원해 이른바 '국가적 수치'인 쓰레기를 치우고 처리하게 만들었다.

이런 작업은 성과를 거뒀지만, 1970년대 중반이 되면 KAB와 업계의 유착에 대한 우려로 인해 '시에라 클럽(Sierra Club)'과 '아이작 월턴 리그(Izaak Walton League)' 같은 환경 단체뿐 아니라 미 환경 보호국도 KAB 자문 역할을 그만두게 되었다. 1976년에는 미 환경 보호국 국장 러셀 트레인(Russell Train)이 유포한 메모와 관련한 기사가 신문에 보도됐다. KAB의 기업 후원자들이 공해 방지법을 방해하려는 작업을 하고 있다는 내용이었다.

말레이시아 쁘렌띠안 케실섬에 밀려온 플라스틱 쓰레기. 사진: Colocho

쓰레기를 개인의 실패로 규정하는 작업은 놀랄 만큼 성공적이었다. 1988년 지구의 플라스틱 생산량이 강철 생산량을 따라잡던 해, 세인트 제임스 공원에서 사진 촬영을 위해 쓰레기를 줍고 있던 마거릿 대처(Margaret Thatcher)는 그 분위기를 완벽하게 포착했다. "이건 정부의 잘못이 아닙니다." 그녀가 기자들에게 말했다. "알면서도 생각 없이 쓰레기를 버린 사람들 잘못입니다." 애초에 플라스틱을 제조하고 팔았던 사람들은 그녀의 지적에서 제외돼 있었다. 오염에 대한 대중의 우려를 가라앉히기 위한 업계의 두 번째 전략은 상대적으로 최신 개념인 가정에서의 재활용에 역점을 두는 것이었다. 1970년대에 환경 단체와 미 환경 보호국은 점점 커지는 소비재 폐기물 문제를 해결하기 위해 자동차, 기계류 및 금속 조각 같은 대형 품목에는 익숙했던 개념인 재활용을 지역 공동체 단위까지 확장시킬 수 있는 새로운 아이디어를 탐구하고 있었다.

포장재와 음료업계는 재활용이 자기네 제품을 쓰레기 매립지로부터 지켜 낼 수 있다는 아이디어를 냉큼 밀어붙였다. 1971년, 플라스틱병이 널리 퍼지기 전, 코카콜라 보틀링 컴퍼니는 유리나 알루미늄 같은 가정용 쓰레기를 재활용하고자 뉴욕시에 세워진 세계 최초의 저장소 중 몇 곳에 자금을 지원했다.

플라스틱 산업도 이와 유사한 방침을 취하면서 자기네 제품을 재활용할 수 있는 잠재적 가능성을 소리 높여 부르짖었다.

1988년 플라스틱 산업 협회는 도시에서의 플라스틱 재활용을 촉진할 목적으로 '고형 폐기물 문제 해결 위원회'를 설립한 뒤, 1995년까지 플라스틱병의 25퍼센트를 재활용할 수 있다고 주장했다. 1989년 아모코(Amoco, 스탠더드 오일의 새로운 이름)와 모빌, 다우 케미컬은 '국립 폴리스티렌 재활용 회사'를 설립하여 역시 1995년까지 25퍼센트를 재활용하겠다는 똑같은 목표를 내세웠는데, 이 경우는 음식 포장재였다(당시 《타임》에 실린 모빌의 광고는 폴리스티렌이 폐기물 위기의 '희생양이지 문제는 아니'라는 주장을 했다. 해결책은 '더 많은 재활용'이었다). 1990년에는 '미국 플라스틱 협회'라는 또 다른 산업 단체가 2000년에는 플라스틱이 '가장 많이 재활용되는 재료'가 될 것이라는 주장을 개진했다.

이런 장밋빛 전망이 가진 문제는 플라스틱이 재활용에는 최악의 물질이라는 점이다. 유리, 철, 알루미늄은 거의 무한정 녹이고 개조해도 처음과 똑같은 품질의 신제품을 만들어 낼 수 있다. 반면 플라스틱은 재활용을 할 때마다 품질이 뚝뚝 떨어진다. 플라스틱병을 재활용해도 같은 품질의 플라스틱병을 만들 수가 없다. 대신 재활용된 플라스틱은 의류용 섬유나 가구용 슬레이트가 되고, 그런 다음에는 도로 충전재나 플라스틱 절연재가 될 텐데, 여기까지 오면 더 이상은 재활용이 되지 않는다. 매 단계가 본질적으로 매립지 아니면 바다 쪽으로만 회전하는 톱니바퀴인 것이다. 위스콘신대학의 공학자 로버트 햄(Robert Ham)은 1992년에 플라스틱 제품이 제한된 수의 물건으로만 변할 수 있다는 사실에 주목하면서 이렇게 말했다. "플라스틱 재활용의 미래는 여전히 도통 알 수 없는 수수께끼다."

알루미늄처럼 더 수익성 있는 재료를 재활용하는 회사의 입장에서 보면 재활용 플라스틱이 가진 상업적 매력은 크지 않았다. 1980년대에 플라스틱 재활용이 호황 산업이 되지는 않으리라는 사실이 분명해지자 공공 부문이 개입했다. 재활용 산업이 국가에서 상당한 자금을 지원받고, 플라스틱이 쓰레기차에 실려 운송되는 동안, 업계는 계속해서 점점 더 많은 플라스틱을 쏟아 냈다. 하원의원 폴 B. 헨리(Paul B Henry)가 1992년 용기 재활용에 대한 청문회에서 말했듯, 플라스틱 업계는 '자기네가 재활용의 든든한 옹호자라 주장'했지만 '커브사이드 재활용 프로그램은 거의 전적으로 정부 보조금에 의존'했다. 다시 말해 정부는 업계가 재활용에 대해 예전에 떠들어 댄 허풍에 꼼짝없이 낚여서 비용을 지불하고 있었다. 그리고 대중은 누군가 쓰레기를 치워 주는 한 행복해했다. 오늘날까지도 몇몇 환경 운동가들은 가정용 재활용품 수거를 '소망 순환'이라 부르고, 재활용 쓰레기통을 실제로는 별 도움이 안 되는데도 사람들의 죄책감은 덜어 주는 '마법 상자'라 부른다.

플라스틱에 대한 반격

그사이 전 세계의 플라스틱 생산량은 1995년 1억 6000만 톤에서 2018년 현재는 3억 4000만 톤으로 치솟았다. 재활용률은 여전히 울적할 정도로 낮다. 미국에서 매년 재활용되는 플라스틱은 전체 플라스틱의 10퍼센트 이하다. 심지어 재활용률이 기적적으로 치솟는다 해도, 재활용된 플라스틱으로 만들 수 있는 것들이 빤하기 때문에 결국 새 플라스틱에 대한 수요는 항상 높을 수밖에 없다. 캘리포니아 대학의 산업 생태학자인 롤런드 가이어(Roland Geyer)는 2017년에 미국과 영국의 정책 입안자에게 기념비적 참고 문헌이 된 보고서 〈지금까지 제조된 모든 플라스틱의 생산, 활용, 종말(Production, Use and Fate of All Plastics Ever Made)〉을 작성한 인물로, 그는 내게 "재활용이 전 세계의 플라스틱 양을 줄이는 데 전혀 효과가 없으리라는 사실을 점점 더 확신하고 있다"고 말했다.

비록 대중이 반플라스틱 캠페인에 대해 보이는 열정은 부분적으로는 플라스틱이 기후 변화보다는 단순하고 해결하기 쉬운 문제일 거라는 느낌에 의해 추동되고 있겠지만, 이 두 사안은 대부분의 사람들이 생각하는 것보다 훨씬 밀접하게 연결되어 있다. 세계에서 가장 큰 플라스틱 생산업체 열 곳 중 일곱 곳은 여전히 석유와 천연가스 회사다. 그들이 화석 연료를 뽑아내는 한 플라스틱을 만들고픈 커다란 동기가 늘 있다는 얘기다. 2016년의 세계 경제 포럼 보고서는 2050년까지 전 세계에서 추출되는 석유의 20퍼센트가 플라스틱 제조에 쓰일 것이라고 예측했다. 과학자 요한나 크람(Johanna Kramm)과 마르틴 바그너(Martin Wagner)는 최근 발표한 논문에서 다음과 같이 쓰고 있다. "본질적으로 보면 결국 플라스틱 공해는 인간이 만든 전 지구적 변화의 가시적이면서도 실체적인 부분이다."

이것이 플라스틱의 역설이다. 또는 적어도 우리가 현재 꼼짝없이 붙들려 있는 문제다. 문제의 심각성에 대해 알게 되자 행동에 나서고 싶은 마음이 들었지만, 이 문제를 점점 더 밀어붙일수록, 우리가 해결하는 데 실패했던 여타의 환경 문제와 마찬가지로 이 문제 역시 점점 더 막막하고 다루기 힘든 것으로 보이기 시작한다. 그러다가 똑같은 장애물에 맞닥뜨리고 마는 것이다. 규제 불가능한 산업, 세계화된 세상, 지속 불가능한 우리 삶의 방식.

그렇다 해도 사람들은 여전히 플라스틱을 쓰고 싶어 한다. 앞으로도 그럴 것이다. 하지만 많은 어려움에도 불구하고, 반플라스틱 운동은 아마도 21세기 들어 출현한 가장 성공적인 전 세계적 환경 캠페인일 것이다. 만약 정부가 약속을 지키고, 운동이 계속 동력을 유지한다면 분명 성과를 볼 것이다. "정말 대단한 일입니다." 미국 컨설팅 회사인 우드 맥켄지(Wood Mackenzie)에서 화학 산업 분석가로 일하는 스티브 징거(Steve Zinger)의 말이다. "특히 올해는 소비자들의 반플라스틱 정서가 커졌어요. 기업들은 플라스틱 사용 금지라는 새로운 현실에 맞춘 사업 모델을 적용해야 할 겁니다." 그는 석유 생산업자들 또한 수요에서 손실을 볼 것이라고 말했다.

이것이 플라스틱의 역설에 존재하는 긍정적인 면이다. 만약 플라스틱이 우리가 겪는 다른 환경 문제의 축소판이라면, 그 논리를 따를 경우 해결책도 있다는 얘기다. 불과 몇 년 사이에 플라스틱이 환경에 끼치는 해악에 대한 과학적 증거가 사람들을 조직화했고, 정부 규제를 압박했으며, 화석 연료 회사들의 관심도 끌었다. 소비자들은 슈퍼마켓에 포장을 줄이라고 요구했고, 그 결과 1년 만에 석유 회사 BP는 2040년까지 일일 석유 생산량이 200만 배럴 줄어들 것이라고 전망하게 되었다. 플라스틱에 대한 우리의 집념이 표출된 것이다. 기후 변화를 둘러싼 훨씬 큰 싸움에서, 플라스틱에 대한 반격은 작지만 힘을 주는 승리이자 향후 행동의 모델이 될 수 있다.

문제들이 아주 긴밀하게 상호 연결되어 있다는 사실을 직시해야 한다. 플라스틱은 그것만 따로 떼어 우리 삶에서 추방할 수 있는 개별적인 문제가 아니다. 지난 반세기 동안 만연했던 소비 양태에서 가장 눈에 띄는 생산물에 불과한 것이다. 엄청난 도전이 기다리고 있음에도 불구하고, 미세 플라스틱이라는 용어를 만든 해양학자 리처드 톰슨과 이야기를 나누었을 때 그는 낙관적인 모습이었다. 그가 말했다. "지난 30년 동안 우리가 과학자, 기업, 정부와 함께 이런 식으로 똘똘 뭉쳤던 적이 한 번도 없었습니다. 이 문제를 바로잡을 수 있는 진짜 기회가 온 겁니다."

인터뷰

지금 우리에게 필요한 건 롤모델이 아니라 레퍼런스다. 테크,
컬처, 경제, 정치, 사회 등 다양한 분야에서 활동하고 있는
혁신가를 인터뷰한다. 사물을 다르게 보고, 다르게 생각하고,
세상에 없던 것을 만들어 내는 사람들을 만난다. 혁신가들의
경험에서 내 삶을 변화시킬 레퍼런스를 발견한다.

내용을 존중하고, 형식을 배려하는 브랜드

'트락타트'의 옷에는 마치 책과 글처럼 형식과 내용이
있다. 진지한 이야기를 부담 없이 풀어내면서도 의미
없는 프린팅으로 면과 의미를 오염시키지 않는다. 그들의
티셔츠에는 존경과 배려가 묻어난다. 트락타트는 그런 마음이
우리가 무언가를 인용하고, 보관하고, 소중히 하는 동력이
된다고 본다. 오래 읽히고, 또 오래 입고 싶고, 오래 보고 싶은
브랜드는 어떻게 만들어졌을까. 트락타트 이재영, 남아름,
조수근을 김혜림이 인터뷰하고 썼다.

책과 같은 옷을 만든다. 책 같은 옷은 어떤 의미인가?

남아름(이하 '남'): 책은 형식과 내용이 조화를 이룬다. 그저 종이 뭉치가 아니라 내용에 따라 엮여 있고, 물성이 있다. 중간을 펴볼 수도 있고, 밑줄을 칠 수도 있다. 이런 물성은 여러 간편한 방식이 나왔음에도 대체되지 않았다. 옷도 마찬가지다. 실용성과 보온성을 갖추고 있으면서도 개성과 역사를 드러낼 수 있다. 심지어 옷은 인용도 된다. 한 디자이너의 옷을 바탕으로 다른 옷이 만들어지고, 또 그 아이디어를 바탕으로 새로운 옷이 쓰인다. 그런 점에서 옷과 책은 많이 닮아 있다.

이해하고 싶다는 생각이 든다는 측면에서도 트락타트의 옷은 책과 닮았다.

조수근(이하 '조'): 좋은 책처럼 읽을 수 있는 옷이었으면 좋겠다고 생각했다. 책을 읽을 때 좋은 문장은 오래 읽게 되지 않나. 찾아 읽기도 하고, 책 전체를 뜯어 보기도 한다. 그렇게 책을 좋아하게 된다. 트락타트의 옷도 그런 느낌이었으면 한다. 뜯어 보고, 읽어 보고, 애정을 가졌으면 한다.

트락타트 이재영, 남아름, 조수근. 사진: 트락타트

책과 옷의 교집합에서 탄생한 브랜드처럼 보인다. 팀
을 이룬 셋의 만남도 비슷했나?

이재영(이하 '이'): 대학 때부터 알고 지내던 친구들이다.
함께 독서 모임 세미나를 했고, 페미니즘 교지를 만들었다.
함께 밤새우며 교지 만들고, 책을 읽다가 아침이 되면
동묘에 가서 함께 빈티지 옷을 구경했다. 철학 공부도 하다
보니 자연스럽게 철학과 옷, 글이 얽혀 삼위일체가 됐다.
우리끼리는 자주 하는 이야기인데, 지금 옷을 만드는 과정이
예전에 교지를 만들던 과정과 크게 다르지 않다. 기획하고
쓰는 과정 자체가 옷을 만드는 과정과 유사하더라.

WALTER BENJAMIN White. 사진: 트락타트

왜 하필 철학자의 얼굴로 티셔츠를 만들었나?

남: 중요하게 생각했던 지점은 의미였다. 그래픽이 박힌 옷은
이미 많지 않나. 우리는 조금 더 궁금하고, 철학을 갖고 있고,
의미가 있는 내용을 옷에 담고 싶었다. 한 명의 철학자, 그의
얼굴이 지니는 의미는 이미 다층적이다. 다양한 영향력과
담론 아래에서 누군가의 인생을 바꾸기도 한다.

이: 레이저 같은 요소도 넣은 이유가 있다. 한국 사회에 철학을
소개하면서 동시에 경종을 울리고 싶었기 때문이다. 니체가
지금의 한국 사회를 본다면 눈에서 레이저를 쏘지 않을까.

117

누가 입을 것이라 생각하고 디자인했나?

이: 명확했다. 처음으로는 우리 자신이었다. 100장을 처음
찍어낼 때 이 100장을 다 내가 입어도 된다는 생각이었다.
대학원생이면 트락타트의 옷을 좋아할 수밖에 없다고
생각했고, 나와 같은 사람이 분명히 있을 것이라 확신했다.

남: 개인적으로 활동적인 편은 아니지만, 화려한 록 티셔츠는
좋아했다. 이런 생활 패턴과 취향을 가진 사람이 정말 많을
텐데 생각했다. 오히려 이들이 사고 싶은 옷을 못 찾아서 항상
불만족스러운 소비를 하고 있다는 생각이 들더라. 개인적으로
제작했던 벤야민 티셔츠를 보고 주변의 대학원생들이 자신도
만들어 달라며 문의를 한 적이 많았다. 실제로 10명 정도에
티셔츠를 만들어 줬던 것 같다.

케어라벨까지 판권지를 닮았다. 1판 1쇄 날짜가 적혀
있다. 옷에도 판권이 필요한가?

남: 판권지는 책과 같은 옷의 정점이라고 생각한다. 판권은
누가 만들었고, 왜 만들었고, 언제 만들었고, 몇 판인지, 몇

쇄를 찍었는지까지 책의 모든 정보가 담긴다. 옛날 철학
책을 보면 1판이 1800년대인 경우도 있는데, 그런 판권지를
보면 '참 책답다' 하는 생각이 들더라. 우리 옷도 그렇게
소중하게, 오랫동안 관리하고 싶었다. 언제 이 옷을 만들기
시작했는지도 쓰고 싶었고, 이 옷을 만들게 된 경위도 라벨로
설명하고 싶었다. 원래는 몇 번째로 찍은 옷인지도 썼는데,
지금은 그 정도로 철저하지는 못하다. (웃음)

WALTER BENJAMIN White. 사진: 트락타트

시즌에 맞춰 어울리는 철학자를 선정하고, 라벨까지
디자인하며 콘셉트를 유지하는 게 쉬운 일은 아니다.
브랜드의 철학과 콘셉트를 확실하게 설정한 이유나
동력은 무엇인가?

이: 가장 열심히 공부했던 철학자 벤야민의 철학으로 브랜드
이름까지 정하고 나니 이상한 걸 못하겠더라. 콘셉트가
어긋난 걸 만들면 누를 끼치는 느낌이 들었다. 혹자는
왜 니체나 벤야민을 희화화하냐고 오해하기도 하는데,
우리로서는 희화화한 적이 없다고 단호하게 말할 수 있다.
우리가 만든 철학자 프린팅에는 애정과 존경이 듬뿍 담겨
있다.

조: 개인적으로 일에 대해 가진 생각도 자연스러운 동력이
됐다. 옷을 만들기 전까지는 나인 투 식스도 아니라 나인 투
나인으로 일했다. (웃음) 나의 경우에는 이런 삶을 살다 보면
가장 먼저 사상을 놓게 되더라. 사실 가장 중요한 건데 말이다.
우리의 철학을 담고, 우리가 원하는 사상을 담고 싶다는
동력이 자연스럽게 콘셉트로도 이어진 것 같다.

면으로 만든 옷에 철학이 있는 것 같다.

이: 나는 나 자신을 새 시대의 디자이너라고 생각한다. 패스트 패션 산업과 빈티지 문화를 염두에 두고 디자인한다는 점에서 그렇다. 특이한 옷, 예쁜 옷을 만드는 건 모든 디자이너가 원하는 것이다. 나에게는 더 나아가 오래 살아남을 수 있는, 튼튼한 옷에 대한 열망이 있다. 나는 옷집 아들이라 새 옷은 잘 사지 않았다. 집에 있는 옷을 주로 입었고, 커서는 거의 빈티지 옷만 사 입게 됐다. 일을 돕기도 하고, 현장도 경험하면서 많이 만들고, 빨리 만들고, 싸게 만들지 않을 수 있겠다는 생각을 했다. 면이라는 소재가 이런 점과 잘 맞는다. 면은 주인이 잘 다루고, 소중하게 생각하면 오래 살아남는 소재다. 최근에는 면이 아닌 다른 튼튼한 원단들, 그중에서도 린넨과 리사이클 폴리 원단을 다양하게 시도해 보고 있다.

책은 오래 읽힌다. 오래 입는 옷에도 비슷한 특징이 있을까?

조: 일단 개인의 라이프스타일이 가장 중요하다. 옷을 많이 입어 봤지만, 결국 내 일상과 맞지 않는 옷에는 손이

안 가더라. 그래서 트락타트도 우리 옷을 사는 독자들의
라이프스타일을 많이 생각한다. 우리도 책을 읽는
사람으로서, 그들의 삶의 방식이 친숙하다.

이: 실제로 리서쳐 팬츠, 리서쳐 후디는 연구자를 위한 옷이다.
의자에 팔꿈치를 잘 부딪히게 되는데 그럴 때 전기가 오르지
않나. 그걸 방지하기 위해서 팔꿈치 쪽에 천을 덧댔다. 앉아
있는 사람에게 잘 맞도록 무릎이 늘어나지 않도록 방지하는
디자인을 넣기도 했다.

　　　튼튼함도 중요한 요소다.

조: 튼튼하다는 것은 원단이 질기다는 것 외에도 여러 요소를
포함한다. 보관이 쉬운 것, 물빨래가 가능한 것, 구김을 신경
쓰지 않아도 되는 것, 부자재를 최소화하는 것까지 모두
튼튼함의 요소다. 트락타트는 구김이 가도 멋스러운 옷,
물빨래가 가능한 튼튼한 옷을 만든다. 오래, 또 자주 꺼내 입을
수 있도록 말이다.

이: 튼튼한 옷은 전자기기와 반대에 위치해 있다고 생각한다.

전자기기는 아무리 세계적인 기업이라도 계획된 노후화를 전략으로 삼는다. 일부러 낡게 만든다는 뜻이다. 그런데 최근에는 그 경향이 패션계에도 넘어온 것 같다. 점점 옷이 전자기기처럼 바뀌어서 튼튼함을 잊어 가고 있다. 자연스럽게 늙을 수 있는 옷이 옷다운 옷이라고 생각하고 만들고 있다.

트락타트의 다음 계획이 궁금하다.

조: 장기적으로는 재킷과 셔츠류를 늘리고 싶다. 조금 더 독자의 라이프스타일과 활동 반경에 초점을 맞추는 식이다. '읽는 사람'하면 정적일 것 같지만, 그런 면만 있는 건 또 아니니 말이다. 다양한 빈티지 아카이브를 참고해서 활동적인 면을 디자인에 더 담아내고 싶다.

이: 나의 경우에는 세 가지로 목표를 분류한다. 단기적 목표로는 카프카를 모르는 한국 사람이 없도록 만들고 싶고, 중기적으로는 철학책 독서율을 끌어올리고 싶다. 최종 목표로는 우리가 직접 매거진을 만들고 싶다.

남: 문학이나 철학은 정적이고 고루할 것 같다. 이런 고정

관념에 균열을 내는 것이 나의 첫 번째 목표다. 왜 학문적인 영역을 스트릿 의류로 옮겨 왔나를 다시 생각해 봤다.

우리는 독서를 통해 '자기만의 방'을 만들게 된다. 그 이후가 더 중요한 것 같다. 타인과 교류하고, 자신이 방에서 배운 것을 나누는 방식으로 그 경험을 세계로 확장할 수 있다. 트락타트에 달린 독자들의 리뷰를 보면서 그게 어쩌면 옷을 통해 가능하겠다는 생각이 들더라. 교수와의 면담이나 독서 모임에 티셔츠를 입고 나간다는 분도 있고, 옷을 통해 친구들에게 철학을 설명하는 사람들도 있었다. 그런 사람이 더 늘어나기 위해서는 조금 더 애정이 가고, 위트 있고, 파격적이어야 하겠다. (웃음)

마치며

철학자 롤랑 바르트의 말처럼 "물질의 위계는 폐기되고 하나의 물질이 모든 물질을 대체"하고 있다. 면, 종이, 유리, 나무의 자리에 플라스틱이 존재한다. 플라스틱은 쉽게 가질 수 있고 질리면 버릴 수 있는 시대를 열었다. 한 번 쓰고 버리는 '임시적 소유'의 개념도 창조했다. 소비주의라는 시대정신을 만든 물질이다. 물건의 수명에 맞춰 소비하는 것이 아니라 생산 속도에 맞춰 소비하는 문화가 자리 잡은 것이다. 이런 문화의 정수가 바로 '테무깡' 아닐까. '알테쉬의 습격'이 두려운 까닭이 바로 여기에 있다. 페트병 재활용에는 신경 쓰면서, 결국 버리게 될 물건을 쉬이 구입한다. 그걸 가능하게 하는 것이 수요를 초과한 생산, 그리고 시장을 장악하고자 하는 마케팅이다. 때문에 고심해서 만드는 브랜드는 반갑다. 더구나 소비자에게 고심할 것을, 숙고할 것을 권하고 이를 셀링 포인트로 내세우는 브랜드라니 더욱 흥미롭다. 《미식 예찬》으로 알려진 프랑스의 미식 철학자 장 앙텔름 브리야사바랭은, "그대 무엇을 먹는지 말하라, 그러면 나는 그대가 누군지 말해 보겠다"라고 적었다. 먹는 것 이상으로, 우리의 장바구니가 우리에 관해 증언한다.